BIBLIJA JŪSŲ GRILIMO IR GARBELIO KELIAM

100 nuostabių receptų, kaip įvaldyti kepimo ant grotelių meną ir taip nustebinti draugus bei šeimos narius

Dorotėja Vasiliauskienė

TURINYS

ĮVADAS

Kepimas ant grotelių – tai kažko gaminimas ant grotelių arba atviros ugnies, esant tiesioginiam šilumos šaltiniui, atidarius dangtį. Procese rūkoma mažai arba visai nerūkoma, todėl jis naudojamas gaminiams, kurie ruošiami gerai ant vidutinės ar stiprios ugnies.

Ant grotelių kepama uždarius dangtį ant silpnos, dažniausiai netiesioginės ugnies, dažnai rūkant kaip gaminimo būdo dalį. Jis naudojamas didesniems įpjovimams ir sujungimams, kuriems naudingas ilgas kepimo laikas ir gali atlaikyti dūmų skonį.

Grilio patarimai
A. Kepdami kepsnius naudokite didelę, tiesioginę šilumą. Tai reiškia, kad vidutinis kepsnys turi būti kepamas nuo 9 iki 12 minučių.
B. Mėsainiams naudokite nuo vidutinio iki stipraus tiesioginio karščio. Tai reiškia 8–10 minučių vidutiniam mėsainiui.
C. Kiaulienai naudokite, tiesioginis kaitinimas. Tai reiškia, kad storai supjaustytas kiaulienos gabalas bus paruoštas maždaug per 12 minučių.
D. Vištienai naudokite netiesioginę šilumą. Žinoma, tai ilgesnis kepimo laikas, tačiau jis užtikrina, kad vištiena iškeps ir neišdžiūtų. Tai reiškia, kad vištienos krūtinėlės bus pagamintos maždaug per 20–25 minutes.
E. Jei tepate padažą, naudokite vidutinę ugnį ir palaukite, kol kepsite paskutines 5 minutes. Padaže gali būti daug cukraus, o cukrus degina.

F. Dešrai naudokite netiesioginę šilumą. Kadangi dešroje yra daugiau riebalų, tai svarbu užtikrinti, kad ji nesudegtų / nesudegtų, kol ji visiškai iškeps. Tai reiškia, kad dešra bus pagaminta maždaug per 25 minutes.

G. Žuvims naudokite didelę, tiesioginę šilumą. Tai reiškia, kad lašišos filė bus pagaminta maždaug per 10 minučių.

H. Nepradurkite mėsos. Pasitikėkite temperatūra ir kepimo laiku.

I. Nespauskite mėsos prie grotelių. Tai skatina paūmėjimą. Paūmėjimai yra pavojingi. Jie taip pat gali sudeginti maistą.

J. Daržoves aptepkite aliejumi, dažnai vartykite ir venkite per daug sudeginti.

VIEŠLIAI

1. Abrikosinė vištiena ant iešmelių

Išeiga: 6 porcijos

Ingredientas

- 3 svarai vištienos krūtinėlės be kaulų, supjaustytos 4 colių gabalėliais

- 2 skiltelės česnako, maltos Pagal skonį druskos ir pipirų

- 4 vidutinio dydžio svogūnai, smulkiai pjaustyti

- 2 šaukštai Aliejus

- $1\frac{1}{2}$ šaukštelio kalendros

- $\frac{1}{2}$ arbatinio šaukštelio kmynų

- $1\frac{1}{2}$ arbatinio šaukštelio karšto kario miltelių

- 1 valgomasis šaukštas rudojo cukraus

- $\frac{1}{2}$ puodelio šviežių citrinų sulčių

- 4 šaukštai abrikosų uogienės

- 2 šaukštai Miltų

- 30 džiovintų abrikosų puselių

- 1 svogūnas, supjaustytas 2 colių kvadratais

- 2 lauro lapai

Kryptys

a) Dideliame inde sumaišykite vištienos gabalėlius, česnaką, druską ir pipirus; atidėti. Vidutinėje keptuvėje aliejuje pakepinkite svogūnus iki auksinės spalvos. Įmaišykite kalendrą, kmynus ir kario miltelius.

b) Išmaišykite, kad svogūnai pasidengtų, tada suberkite rudąjį cukrų, citrinos sultis ir uogienę. Įpilkite $\frac{1}{2}$ puodelio vandens. Nuolat maišydami užvirinkite. Išimkite nuo karščio. Kai atvės, užpilkite ant vištienos. Sudėkite lauro lapus ir per naktį šaldykite. Kitą dieną ant iešmelių suverkite mėsą su svogūnais ir abrikosais.

c) Kepkite ant grotelių ant žarijų arba kepkite ant grotelių (7 minutes iš kiekvienos pusės). Kol mėsa kepa ant grotelių, iš sūrymo išimkite lauro lapus ir perkelkite į sunkų puodą. Užvirinkite.

2. Obuoliais glazūruoti jūros gėrybių iešmai

Išeiga: 6 porcijos

Ingredientas

- 1 skardinė Šaldytų obuolių sulčių koncentratas

- 1 valgomasis šaukštas KIEKVIENAS sviesto ir Dižono garstyčių

- 1 didelė saldžioji raudonoji paprika

- 6 segmentų šoninė

- 12 jūros šukutės

- 1 svaras išlukštentų krevečių (apie 36)

- 2 šaukštai kubeliais pjaustytų šviežių petražolių

Kryptys

a) Giliame, sunkiame puode ant stiprios ugnies virkite obuolių sulčių koncentratą 7 10 minučių arba ilgiau, kol sumažės iki maždaug $\frac{3}{4}$ puodelio. Nukelkite nuo ugnies, išplakite sviestą ir garstyčias iki vientisos masės. Atidėti. Papriką perpjaukite pusiau ir išimkite sėklas bei stiebą, papriką supjaustykite į 24 dalis. Šoninės skilteles perpjaukite per pusę skersai, kiekvieną šukę apvoliokite šoninės gabalėlyje.

b) ant 6 iešmelių pakaitomis suberkite pipirus, šukutes ir krevetes. Dėkite vėrinukus ant aliejumi pateptų kepsninių. Kepkite ant vidutinės ugnies 2–3 minutes, aptepdami obuolių sulčių glaistu ir dažnai pasukdami, kol šukutės taps nepermatomos, krevetės bus rausvos, o pipirai švelnūs. Patiekite apibarstę petražolėmis.

3. Ant grotelių kepti žuvies iešmeliai

Išeiga: 4 porcijos

Ingredientas

- 1 svaras Tvirta balta žuvis
- 1 arbatinis šaukštelis druskos
- 6 skiltelės česnako
- $1\frac{1}{2}$ colio šviežio imbiero šaknies
- 1 valgomasis šaukštas Garam masala
- 1 valgomasis šaukštas Maltos kalendros
- 1 arbatinis šaukštelis Kajeno pipirų
- 4 uncijos paprasto jogurto
- 1 valgomasis šaukštas daržovių. Alyva
- 1 citrina
- 2 aštrūs žali čili pipirai

Kryptys

a) Žuvies filė ir oda, tada supjaustykite 11/2 colio kubeliais. Ant kiekvieno iešmo uždėkite apie 5 gabaliukus ir apibarstykite druska.

b) Iš česnako, imbiero, prieskonių ir jogurto pagaminkite pastą ir naudokite žuviai padengti. Palikite kelioms valandoms, o tada kepkite ant grotelių.

c) Jei reikia, kepimo metu vėrinukus galima apšlakstyti trupučiu aliejaus. Papuoškite griežinėliais supjaustyta citrina ir smulkiais žiedeliais žalio čili pipiro.

4. Jautiena vyne ant iešmelių

Išeiga: 4 porcijos

Ingredientas

- 2 svarai Gera jautiena

- 2 Geltonieji svogūnai, nulupti ir supjaustyti ketvirčiais

- 2 žalios paprikos, be sėklų

- 2 šaukštai alyvuogių aliejaus

- 1 valgomasis šaukštas citrinos sulčių

- $\frac{1}{4}$ puodelio Zinfandel

- $\frac{1}{2}$ arbatinio šaukštelio raudonėlio

- 4 lauro lapai

- 3 česnako skiltelės, susmulkintos

- Druska ir pipirai pagal skonį

Kryptys

a) Jautieną supjaustykite $1\frac{1}{4}$ colio kubeliais. Daržoves supjaustykite 1 colio kvadratėliais.

b) Visus ingredientus sudėkite į didelį nerūdijančio plieno indą ir marinuokite apie 2 valandas, retkarčiais pamaišydami.

c) Daržoves ir mėsą pakaitomis sudėkite ant iešmelių. Kepkite ant grotelių, kol švelniai apskrus, maždaug 15 minučių, vieną kartą proceso metu pasukdami.

5. Skrudinti cukinijos pipirų iešmeliai

Išeiga: 1 porcija

Ingredientas

- 1 didelė raudonoji paprika, išimta iš sėklų ir susmulkinta
- 1 didelė geltonoji paprika, išskobta ir susmulkinta
- 1 Saldus svogūnas, supjaustytas griežinėliais
- 2 cukinijos, storai susmulkintos
- 2 šaukštai alyvuogių aliejaus
- 2 skiltelės česnako, nuluptos ir sutrintos

Kryptys

a) Paprikas išvalykite iš sėklų ir supjaustykite gabalėliais, tada sudėkite į indą su saldžiu svogūnu, supjaustytu griežinėliais ir storai supjaustytomis cukinijomis.

b) Įmaišykite alyvuogių aliejų ir susmulkintą česnaką, tada gerai išmaišykite. Sudėkite ingredientus ant iešmelių ir kepkite ant šašlykinės 10-15 minučių arba tol, kol daržovės suminkštės.

6. Sodas ant iešmo

Išeiga: 6 porcijos

Ingredientas

- 1 didelė kukurūzų ausies; lukštas Išimtas, supjaustytas 2 colių gabalėliais

- 12 didelių grybų kepurėlių

- 1 vidutinio dydžio raudonosios paprikos; supjaustyti 1 colio gabalėliais

- 1 mažos cukinijos; nenulupti, supjaustyti 2 colių gabalėliais

- 12 vyšninių pomidorų

- $\frac{1}{2}$ stiklinės citrinos sulčių

- 2 šaukštai sauso baltojo vyno

- 1 valgomasis šaukštas alyvuogių aliejaus

- 1 arbatinis šaukštelis kmynų

- 2 arbatiniai šaukšteliai maltų šviežių laiškinių česnakų

- 1 arbatinis šaukštelis maltų šviežių petražolių

- Šviežiai malti pipirai; paragauti

Kryptys

a) Paruoškite lauko groteles su alyvuota lentyna, nustatyta 6 coliais virš šilumos šaltinio. Dujinėje kepsninėje nustatykite vidutinę kaitrą. Jei naudojate medinius vėrinukus, 6 iš jų 15 minučių pamirkykite šiltame vandenyje. Tai neleidžia vėrinukams užsidegti, kol kabobai kepa.

b) daržoves suverti ant iešmelių. Sumaišykite visus likusius padažo ingredientus.

c) Daržoves kepkite ant grotelių apie 15–20 minučių, nuolat plakdami padažu, kol daržovės šiek tiek apskrus.

7. Česnaku iškeptos krevetės

Išeiga: 4 porcijos

Ingredientas

- $1\frac{1}{2}$ svaro Jumbo krevetės

- $\frac{1}{2}$ puodelio česnako aliejaus

- 1 valgomasis šaukštas pomidorų pastos

- 2 šaukštai raudonojo vyno acto

- 2 šaukštai kubeliais pjaustytų šviežių bazilikų

- Druska

- Šviežiai malti pipirai

Kryptys

a) Nulupkite ir devein krevetės. Sumaišykite likusius ingredientus

b) Sumaišykite su krevetėmis ir laikykite šaldytuve 30 minučių iki valandos, retkarčiais pamaišydami.

c) Išimkite krevetes, perkoškite marinatą.

d) Iškirpkite krevetes lenkdami beveik per pusę, kad didelis galas beveik liestų mažesnįjį, tada įkiškite iešmelį tiesiai virš uodegos, kad jis du kartus pereitų per kūną.

e) Kepkite ant grotelių 4–6 colių atstumu nuo žarijų 6–8 minutes arba tol, kol iškeps, dažnai sukdami ir du ar tris kartus patepdami marinatu.

8. Halloumi iešmeliai

Išeiga: 1 porcija

Ingredientas

- 250 gramų Halloumi Suskirstytas į kąsnio dydžio gabalėlius
- 500 gramų Mažas; naujos bulvės,
- ; virti, kol suminkštės
- Druskos ir pipirų
- Alyvuogių aliejus
- Šašlykų iešmeliai
- 45 mililitrai alyvuogių aliejaus
- 15 mililitrų baltojo vyno acto
- 5 mililitrai citrinos žievelės
- 15 mililitrų žaliųjų alyvuogių; smulkiai supjaustyta
- 5 mililitrai Maltos kalendros
- 15 M1 šviežių kalendros lapelių; suplyšusi
- 1 skiltelė česnako; sutraiškytas
- 5 mililitrai pilno grūdo garstyčių
- Druskos ir pipirų
- 50 gramų šviežių žolelių salotų

Kryptys

a)   Ant iešmelių pakaitomis sudėkite Halloumi ir bulvių gabalėlius.

b) Lengvai aptepkite aliejumi ir pabarstykite druska bei pipirais.

c) Kepkite ant grotelių, kol kebabai įkais.

d) Tuo tarpu sumaišykite visus padažo ingredientus užsukamame inde.

e) Patiekite kebabus ant šviežių žolelių salotų lovos ir užpilkite Readied padažu.

9. Japoniška aviena su skepeta

Išeiga: 8 porcijos

Ingredientas

- 2 svarai liesos ėrienos be kaulų

- $\frac{1}{4}$ puodelio sojos padažo

- 1 valgomasis šaukštas medaus

- 2 šaukštai acto

- 2 šaukštai šerio

- 2 česnako skiltelės

- $\frac{1}{4}$ arbatinio šaukštelio malto imbiero

- $1\frac{1}{2}$ puodelio sultinio

Kryptys

a) Prieš gaminant: ėrieną supjaustykite juostelėmis, kurios būtų $\frac{1}{8}$ colio storio, $\frac{1}{2}$ colio pločio ir 3 colių ilgio per grūdus

b) Likusius ingredientus sumaišyti (česnaką sutraiškyti česnako presu), mišiniu užpilti mėsą. Apverskite mėsą, kad ji gerai pasidengtų, ir palikite neuždengtą 1 valandą kambario temperatūroje arba uždengtą per naktį šaldytuve. Retkarčiais apverskite mėsą, kad ji tolygiai pagardėtų. Mėsą supinti ant iešmelių.

c) Kepkite juos maždaug 4 colių atstumu nuo šilumos šaltinio maždaug 2 minutes iš kiekvienos pusės.

10. Įsmeigta veislės mėsa

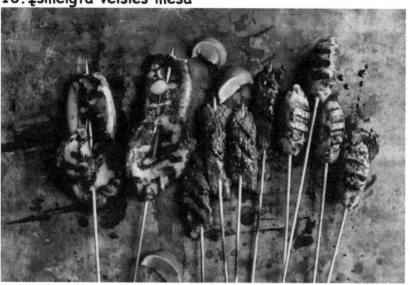

Išeiga: 6 porcijos

Ingredientas

- 250 gramų ėrienos saldainių
- Vanduo
- $1\frac{1}{2}$ citrinos
- 500 gramų ėrienos širdelių
- 2 ėrienos inkstai
- 1 mažas svogūnas; tarkuotų
- 2 citrinos (tik sultys)
- $\frac{1}{2}$ stiklinės alyvuogių aliejaus
- 3 lauro lapai; kiekvienas po 3 dalis
- 1 arbatinis šaukštelis džiovintų raudonėlių
- 2 šaukštai kubeliais pjaustytų petražolių
- 1 arbatinis šaukštelis druskos
- Šviežiai malti juodieji pipirai
- Dešrų apvalkalai

Kryptys

a) Nuplaukite saldainius, sudėkite į keptuvę ir užpilkite vandeniu. Įpilkite $\frac{1}{2}$ citrinos sulčių. Užvirinkite, tada nusausinkite. Kepenėles, širdį ir perpus perpjautus inkstus sudėkite į indą su šaltu vandeniu, kad apsemtų, ir supilkite 1 citrinos sultis.

b) Mirkykite 30 minučių, tada nusausinkite. Išimkite odą iš kepenų ir nupjaukite didesnius kepenų ir širdies vamzdelius; iš inkstų pašalinkite riebalų šerdį. Mėsą ir saldainius supjaustykite 3 cm (1-¼ colio) gabalėliais ir sudėkite į stiklinį arba keraminį indą.

c) Sumaišykite sūrymą Ingredientai ir užpilkite ant paruoštos mėsos. Uždenkite ir palikite šaldytuve marinuotis bent 2 valandoms. Įdėkite dešrų žarnas į šaltą vandenį ir palikite per tą laiką mirkti. mėsą suverkite pakaitomis ant 6 iešmelių, į kiekvieną skepetą tarp mėsos įdėdami po 2 lauro lapų gabaliukus.

d) Nusausinkite dešrų apvalkalus ir apvyniokite mėsą ant kiekvieno iešmo, užsukite galus, kad apvalkalai liktų vietoje.

e) Lėtai kepkite ant grotelių ant žaižaruojančių anglių, dažnai sukdami iešmelius ir retkarčiais patepdami kokoretsi marinatu. Kepkite 15–20 minučių, reguliuodami grotelių aukštį arba perkeldami iešmelius į vėsesnę ugnies dalį, kad kokoretsi iškeptų lėtai. Patiekite karštą.

11.Piri piri šukučių vėrinukai

Išeiga: 4 porcijos

Ingredientas

- 1½ puodelio alyvuogių aliejaus
- 4 šviežių jalapeno pipirų; susmulkinti
- 2 šviežių poblano pipirų; susmulkinti
- 1 valgomasis šaukštas maltų raudonųjų pipirų
- 1 arbatinis šaukštelis druskos
- 1 arbatinis šaukštelis Šviežiai maltų juodųjų pipirų
- 1 valgomasis šaukštas malto česnako
- 12 šviežių šukučių; išvalytas
- 2 puodeliai mangų ir ant grotelių keptų pipirų salsos
- Šviežios kalendros šakelės

Kryptys

a) Įkaitinkite grilį. Sumaišykite visus ingredientus, išskyrus česnaką, puode ant stiprios ugnies. Virkite maišydami, 4 minutes. Įmaišykite česnaką ir nukelkite nuo ugnies.

b) Atvėsinkite mišinį. Supilkite mišinį į virtuvinį kombainą. Mišinį sutrinkite iki vientisos masės. Šaldykite padažą 7 dienas. Ant kiekvieno iešmo uždėkite 4 šukutes.

c) Marinuokite iešmelius Piri Piri 1 valandą. Dėkite vėrinukus ant karštų grotelių ir kepkite po 3–4 minutes iš kiekvienos pusės. Retkarčiais aptepkite iešmelius padažu.

d) Įdėkite salsą į lėkštės vidurį. Įdėkite iešmelius tiesiai ant salsos. Papuoškite šviežiomis kalendros šakelėmis.

12. Portabella grybai ir paprikos

Išeiga: 9 užkandžiai

Ingredientas

- 2 dideli (iš viso 1/4 svaro) portabella grybai
- 1 valgomasis šaukštas alyvuogių aliejaus
- 1 skiltelė česnako, susmulkinta
- 1 vidutinio dydžio saldžiosios žaliosios paprikos
- 1 vidutinio sunkumo saldžiųjų raudonųjų pipirų
- 1 vidutinio sunkumo saldžiųjų geltonųjų pipirų
- $\frac{1}{4}$ arbatinio šaukštelio druskos
- 16 4 colių šakelių šviežio rozmarino
- 1 valgomasis šaukštas balzamiko acto

Kryptys

a) Išimkite ir išmeskite grybų stiebus. Labai lėtai nuplaukite grybus, būtinai pašalinkite nešvarumus nuo žiaunų; gerai nusausinkite ant popierinių rankšluosčių. Kiekvieną grybą supjaustykite į aštuonis $\frac{1}{4}$–1 colio kvadratus.

b) Didelėje keptuvėje įkaitinkite $1\frac{1}{2}$ t alyvuogių aliejaus. Sudėkite grybų gabalėlius ir česnaką. Kepkite, retkarčiais pasukdami mentele, kol suminkštės ir švelniai apskrus apie 6–8 minutes.

c) Tuo tarpu paprikas perpjaukite per pusę; Išimkite ir išmeskite stiebus, sėklas ir šonkaulius. Iš kiekvieno pipiro supjaustykite šešiolika 1 colio kvadratinių gabalėlių. Likusią papriką suvyniokite ir atšaldykite kitam naudojimui.

39

d) Su įpjova mentele perkelkite grybų gabalėlius iš grotelių į lėkštę, kad šiek tiek atvėstų; išmeskite česnaką.

e) Į keptuvę supilkite likusį alyvuogių aliejų ir pipirų gabalėlius. Kepkite pipirus, kol lengvai apskrus – apie 5 minutes. Trans pipirų gabalėlių lėkštėje su grybais. grybus ir pipirus apibarstykite druska.

f) Peiliu nubraukite lapus iš apačios 1,5 colio rozmarino šakelių. Su pyrago testeriu arba dantų krapštuku įkiškite skylutę kiekvieno grybo ir pipirų gabalėlio viduryje. Ant kiekvienos rozmarino šakelės užmaukite po vieną kiekvienos spalvos pipiro gabalėlį ir po vieną grybo gabalėlį. Išdėliokite ant kepimo skardos su apvadu.

g) Prieš pat porciją įkaitinkite grilį iki 375 'F. Kepkite iešmelius 10 minučių arba ilgiau, kol jie įkais. Norėdami patiekti, sudėkite ant porcijų lentos ir apšlakstykite actu.

13. Raudonųjų bulvių iešmeliai

Išeiga: 6 porcijos

Ingredientas

- 2 svarai raudonųjų bulvių

- $\frac{1}{2}$ stiklinės vandens

- $\frac{1}{2}$ puodelio majonezo

- $\frac{1}{4}$ puodelio vištienos sultinio

- 2 arbatiniai šaukšteliai džiovinto raudonėlio

- $\frac{1}{2}$ arbatinio šaukštelio česnako miltelių

- $\frac{1}{2}$ arbatinio šaukštelio svogūnų miltelių

Kryptys

a) Sudėkite bulves į neteptą mikrobangų krosnelėje tinkamą 2 Qt. patiekalas. Uždenkite ir įkaitinkite mikrobangų krosnelėje 12–14 minučių, vieną kartą pamaišykite ir nusausinkite.

b) Sumaišykite likusius ingredientus inde; pridėti bulvių. Uždenkite ir šaldykite 1 valandą. Nusausinkite, vėl paskirstykite marinatą, susmeigti bulves ant metalo arba vandenyje išmirkytus bambukinius iešmelius. Kepkite ant grotelių neuždengtą ant vidutinės ugnies 4 minutes, apverskite, aptepkite marinatu ir kepkite dar 4 minutes.

14. Įsmeigtos šukutės

Išeiga: 1 porcija

Ingredientas

- 1 svaras šukutės

- 12 grybų

- 12 vyšninių pomidorų

- 2 mažos cukinijos, supjaustytos trečdaliais

- ⅓ puodelio lydyto sviesto

- 1 arbatinis šaukštelis Worcestershire padažo

- 2 arbatiniai šaukšteliai šviežių citrinų sulčių

- $\frac{1}{8}$ arbatinio šaukštelio pipirų

- 1 valgomasis šaukštas sojos padažo

- 1 valgomasis šaukštas kubeliais pjaustytų petražolių

- 3 puodeliai karštų virtų ryžių

Kryptys

a) Ant 6 iešmelių pakaitomis sudėkite šukutes, grybus ir pomidorus; pridėkite cukinijos gabalėlį kiekvieno kabobo pabaigoje. Sumaišykite likusius ingredientus; aptepkite kabobus. Kepkite ant grotelių 3 colių nuo žarijų, aptepkite padažu, kol iškeps. Arba kepkite ant grotelių, vieną kartą pasukdami. Patiekite ant karštų ryžių sluoksnių.

15. Į skepetą iškeptas tofu apelsinų marinate

Išeiga: 4 porcijos

Ingredientas

- 1 svaras Tvirtas tofu, nusausintas

- 16 vidutinio sunkumo šitake grybų

- 1 didelis Daikon ridikas

- 1 kiekvienos galvos bok choy

- $\frac{1}{2}$ puodelio sojos padažo

- $\frac{1}{2}$ puodelio apelsinų sulčių

- 2 šaukštai ryžių acto

- 2 šaukštai žemės riešutų aliejaus

- 1 valgomasis šaukštas tamsaus sezamo aliejaus

- 2 šaukštai Šviežio imbiero, malto

- $\frac{1}{4}$ arbatinio šaukštelio aštraus čili, malto

Kryptys

a) Sumaišykite visus sūrymo ingredientus ir plakite, kad emulsuotų.

b) Tofu pyragą perpjaukite per pusę ir marinuokite kambario temperatūroje 1 valandą arba ilgiau šaldytuve. Dažnai sukite.

c) Nuplaukite ir supjaustykite grybus. Nuvalykite ir supjaustykite daikoną ir segmentus į 1 colio storio gabalėlius. Atskirkite bok choy lapus, nuplaukite ir nusausinkite.

d) Atidėti. Baltus stiebus suskirstykite į 1 colio storio gabalėlius. Grybus, daikono ir bok choy stiebus marinuokite 15 minučių. Susmulkinkite tofu į 1 colio kubelius.

e) Bok choy lapus aptepkite marinatu. Norėdami susukti lapus, uždenkite kiekvieno lapo šonus link vidurio ir susukite lapą, pradedant nuo viršaus. Lapų paketą suverkite ant medinių iešmelių pakaitomis su grybais, tofu, daikon ir bok choy stiebu.

f) Ant uždarų grotelių kepkite iešmelius 12–15 minučių, pasukdami, kad apkeptų iš visų pusių.

16. Jukatano stiliaus vištienos iešmeliai

Išeiga: 4 porcijos

Ingredientas

- 9 be odos ir kaulų: vištienos šlaunelės
- 1 c Jukatano marinatas
- 1 jicama
- 36 6 colių iešmai
- 2 c Papaya Tomatillo Salsa

Kryptys

a) Sūrymu įtrinkite vištienos šlauneles. Uždenkite vištieną ir šaldykite 4-6 valandas arba per naktį. Paruoškite malkų arba anglies ugnį ir leiskite jai sudegti iki žarijų.

b) kiekvieną vištienos gabalėlį suverkite ant 2 iešmelių, kad mėsa liktų plokščia ant grotelių. Kepkite ant grotelių apie 4 minutes iš kiekvienos pusės arba iki kol paruduos pagal skonį

c) Patiekite su Papaya Tomatillo Salsa.

17. Jautienos juostelės teriyaki

Ingridientai

- „London" grilis - suskirstytas į plonas juosteles, tarsi gamintumėte trūkčiojančius
- 1 butelis teriyaki padažo

Kryptys

a) Marinuokite jautienos juosteles teriyaki padaže mažiausiai 1 valandą arba iki 24 valandų dideliame Ziploc maišelyje.

b) Kai būsite pasiruošę valgyti, įkaitinkite grilį ir leiskite juostelėms kepti, kol jos iškeps - maždaug 5–10 minučių.

c) Prieš sūdydami mėsą, galite naudoti grotelių krepšelį arba susmeigti mėsą ant bambukinių iešmelių.

18. Gaisro kabobai

Ingredientas

- 4 skardinės ananasų gabalėlių
- 2 skardinės kondensuotos pomidorų sriubos
- 1/2 stiklinės alyvuogių aliejaus
- 2 šaukštai čili miltelių
- 2 svarai. Bolonija, sutapo ketvirčiais
- 2 žalios paprikos, supjaustytos 1 colio kvadratėliais
- 1 pakelis frankfurtinių bandelių, padalintų
- 8 dideli mediniai iešmai

Kryptys

a) Nusausinkite ananasus. Rezervuokite 1/2 puodelio sulčių
b) Vidutiniame puode sumaišykite sriubą, rezervuotas ananasų sultis, alyvuogių aliejų ir čili miltelius.
c) Kaitinkite, retkarčiais pamaišydami
d) Ant iešmelių pakaitomis išdėliokite Boloniją, žaliuosius pipirus ir ananasus. Kepkite ant grotelių 4 colius virš žarijų.
e) Aptepkite padažu. Virkite 8 minutes arba ilgiau, kol sušils, dažnai aptepdami padažu. Patiekite ant bandelių su likusiu padažu.

19. Graikiško stiliaus vištienos iešmeliai

Ingredientas

- 4 vištienos krūtinėlės be kaulų, be odos, supjaustytos gabalėliais
- 2 šaukštai (30 ml) alyvuogių aliejaus
- 2 valgomieji šaukštai (30 ml) citrinos sulčių
- 2 arbatiniai šaukšteliai (10 ml) džiovintų raudonėlių
- 1 arbatinis šaukštelis (5 ml) smulkiai tarkuotos citrinos žievelės
- 3/4 arbatinio šaukštelio (4 ml) druskos ir pipirų
- 1/2 arbatinio šaukštelio (2 ml) maltos paprikos
- 6 česnako skiltelės, susmulkintos
- Tzatziki padažas

Kryptys

a) Dideliame dubenyje išplakite aliejų su citrinos sultimis, raudonėliu, citrinos žievele, druska, pipirais, paprika ir česnaku. Sudėkite vištieną ir išmaišykite, kad apsemtų. susukite vištieną ant 8 colių (20 cm) medinių iešmelių.

b) Įjunkite grilį. Pasirinkite programą ir paspauskite. Kepimo plokštes lengvai sutepkite kepimo purškikliu. Kai purpurinė indikatoriaus lemputė nustos mirksėti, uždėkite vėrinukus ant grotelių ir uždarykite dangtį.

c) Virkite porcijomis, kol indikatoriaus lemputė pasikeis į raudoną. Vištienos iešmelius patiekite su Tzatziki padažu ant šono.

20. Kepsnių ir grybų teriyaki kebabai

Ingredientas

- 1 svaro (500 g) jūsų pasirinktas kepsnys be kaulų
- 12 mažų sveikų grybų, stiebai Išimti
- 1/2 raudonosios paprikos, supjaustytos gabalėliais
- 1/2 mažo raudonojo svogūno, supjaustyto gabalėliais
- 1/3 puodelio (75 ml) medaus
- 1/4 puodelio (50 ml) sumažinto natrio sojos padažo
- 2 valgomieji šaukštai (30 ml) ryžių vyno acto
- 6 česnako skiltelės, susmulkintos
- 2 arbatiniai šaukšteliai (10 ml) kukurūzų miltų
- Medus

Kryptys

a) Dideliame lėkštėje išplakite medų su sojų padažu, actu ir česnaku; Vieną pusę perkelkite į mikrobangų krosnelėje tinkamą indą ir atidėkite. Kepsnį, grybus, raudonąją papriką ir svogūną sumaišykite su likusiu medaus mišiniu, kol pasidarys tolygiai padengtas.

b) Pakaitomis susukite kepsnį ir daržoves ant keturių 30 cm (12 colių) medinių iešmelių.

c) Įjunkite grilį. Pasirinkite programą ir paspauskite. Kepimo plokštes lengvai sutepkite kepimo purškikliu. Nustojus mirksėti violetinei indikatoriaus lemputei, sudėkite kebabus ant grotelių ir uždarykite dangtį.

d) Virkite 6–8 minutes arba ilgiau, kol daržovės suminkštės, o jautiena iškeps iki norimo lygio.

e) Tuo tarpu supilkite kukurūzų miltus į rezervuotą medaus mišinį. Mikrobangų krosnelėje, aukštai, vieną kartą pamaišant, 60 sekundžių arba ilgiau, kol sutirštės ir taps blizgios; tolygiai aptepkite kebabus prieš pat porciją.

21.Veršelio kepenėlių iešmeliai su pancetta

GADA 4 porcijas

Ingredientas:

- 1 svaro veršelio kepenys
- 16 plonų pancetta segmentų
- 16 mažų šalavijų lapelių
- 8 nedideli Cipollini svogūnai, nulupti
- 4 bambukiniai arba metaliniai iešmeliai
- 2 šaukštai alyvuogių aliejaus
- $\frac{3}{4}$ arbatinio šaukštelio košerinės druskos
- $\frac{3}{4}$ arbatinio šaukštelio maltų juodųjų pipirų
- 1 puodelis sausos Madeiros arba Marsala
- 2 šaukštai balzamiko acto
- $\frac{3}{4}$ puodelio persikų konservų
- 3 šaukštai šalto nesūdyto sviesto, supjaustyto gabalėliais

Kryptys

a) Jei kepate ant grotelių su bambukiniais iešmeliais, pamirkykite juos vandenyje bent 30 minučių.

b) Jei kepenys vis dar turi ploną išorinę membraną, išimkite ją. Kepenėles supjaustykite maždaug 1 x 2 colių gabalėliais, pašalindami ir išmesdami visas venas. Kiekvieną kepenėlių gabalėlį apvyniokite pancetta segmentu, vyniodami įdėkite nedidelį šalavijo lapelį. Kepenėlių gabalėlius ir cipolliną pakaitomis suverkite ant iešmelių, per galus smeigdami kepenėlių gabalėlius, kad šonai atsiremtų į groteles.

c) Viską aptepkite aliejumi ir pabarstykite $\frac{1}{2}$ arbatinio šaukštelio druskos ir pipirų. Leiskite pailsėti, kol kepsninė bus paruošta.

d) Uždekite kepsninę, kad būtų tiesioginis vidutinis karštis, apie $375\frac{1}{4}$F.

e) Kai kepsninė įkaista, supilkite Madeirą ir balzamiko į nedidelį puodą ir užvirinkite ant stiprios ugnies. Virkite, kol skysčio sumažės per pusę, 5–8 minutes.

f) Sumažinkite ugnį iki minimumo, įmaišykite konservus ir troškinkite 1 minutę. Supilkite sviestą ir pagardinkite likusia $\frac{1}{4}$ arbatinio šaukštelio druskos ir dar žiupsneliu pipirų. Laikyti šiltai.

g) Aptepkite grilio groteles ir patepkite aliejumi. Kepkite iešmelius tiesiai ant ugnies, kol svogūnai suminkštės, o kepenėlės gražiai paruduos, bet viduje vis dar rausvos, maždaug 4–5 minutes kiekvienoje pusėje. Patiekite su padažu.

22. Mahi-mahi iešmeliai su jūros gėrybių sviestu

GADA 4 porcijas

Ingredientas:
- 4 bambukiniai arba metaliniai iešmeliai
- $\frac{3}{4}$ puodelio alyvuogių aliejaus
- 1 valgomasis šaukštas skrudintų sezamų aliejaus Citrinos žievelė ir sultys
- 1 valgomasis šaukštas kubeliais pjaustytų šviežių petražolių
- $\frac{3}{4}$ arbatinio šaukštelio rupios druskos
- $\frac{3}{4}$ arbatinio šaukštelio maltų juodųjų pipirų
- 2 svarai mahi-mahi kepsnių be odos arba storos filė, supjaustytos 1 colio kubeliais
- 1 citrina, supjaustyta į 8 skilteles
- 16 vyšninių arba vynuoginių pomidorų
- 6 juostelės šoninės, geriausia obuolių malkomis rūkytos, supjaustytos 3 colių ilgio gabalėliais
- $\frac{3}{4}$ puodelio jūros gėrybių sviesto

Kryptys

a) Sumaišykite alyvuogių aliejų, sezamo aliejų, citrinos žievelę, citrinos sultis, petražoles, druską ir juoduosius pipirus 1 galono maišelyje su užtrauktuku. Įdėkite mahi-mahi, išspauskite orą ir uždarykite maišelį. Šaldykite iki 12 valandų.

b) Jei kepate ant grotelių su bambukiniais iešmeliais, pamirkykite juos vandenyje bent 30 minučių.

c) Uždekite kepsninę tiesioginiam vidutiniam karščiui, apie $400\frac{1}{4}$F. Ant iešmelių pakaitomis suverkite citrinos skilteles, pomidorus ir mahi-mahi kubelius, kiekvienam smeigtukui naudodami maždaug po 2 gabalėlius.

d) Jei norite naudoti mahi-mahi, kiekvieną kubelį iš trijų pusių apvyniokite šoninės gabalėliu, o per šoninės galus sutvirtinkite. Dalį jūros gėrybių sviesto atidėkite porcijai, o likusiais aptepkite iešmelius.

e) Aptepkite grilio groteles ir patepkite aliejumi. Kepkite vėrinukus tiesiai ant ugnies, kol žuvies paviršius atrodys nepermatomas, bet vidurys vis tiek bus plėvelėtas ir drėgnas ($130\frac{1}{4}$F ant momentinio nuskaitymo termometro).

f) Apšlakstykite rezervuotu jūros gėrybių sviestu ir patiekite su ant grotelių keptais citrinos skilteles, kad galėtumėte išspausti.

23. Omaro uodegasu keptais tropiniais vaisiais

GADA 4 porcijas

Ingredientas:
- 4 bambukiniai arba metaliniai iešmeliai
- $\frac{3}{4}$ auksiniai ananasai, nulupti, ištraukti šerdį ir supjaustyti 1 colio griežinėliais
- 2 bananai, nulupti ir supjaustyti skersai į aštuonis 1 colio gabalus
- 1 mangas, nuluptas, be kauliukų ir supjaustytas 1 colio kubeliais
- 4 uolinių omarų arba didelės Meino omarų uodegos (kiekviena nuo 8 iki 10 uncijų), atšildytos, jei sušaldytos
- $\frac{3}{4}$ puodelio saldaus sojų glaisto
- stiklinės sviesto, lydyto
- 4 laimo skiltelės

Kryptys
a) Jei kepate ant grotelių su bambukiniais iešmeliais, pamirkykite juos vandenyje bent 30 minučių. Uždekite kepsninę tiesioginiam vidutiniam karščiui, apie $350\frac{1}{4}$F.
b) Ant iešmelių pakaitomis suverkite ananaso, bananų ir mango gabalėlius, kiekvienam iešmeliui naudodami maždaug 2 gabalėlius kiekvieno vaisiaus.
c) Iškirpkite omarų uodegas išilgai perskirdami kiekvieną uodegą per suapvalintą viršutinį apvalkalą ir per mėsą, palikdami plokščią apatinį kevalą nepažeistą. Jei lukštas labai kietas, virtuvinėmis žirklėmis perpjaukite suapvalintą apvalkalą ir peiliu mėsą.
d) Švelniai atidarykite uodegą, kad atskleistumėte mėsą.
e) Sojų glaistu lengvai aptepkite vaisių iešmelius ir omaro mėsą. Aptepkite grilio groteles ir patepkite aliejumi. Padėkite omarų uodegas mėsa žemyn tiesiai ant ugnies ir kepkite ant grotelių, kol gražiai pasižymės grotelės, 3–4 minutes. Mentele

arba žnyplėmis užspauskite uodegas ant grotelių, kad mėsa apskrustų. Apverskite ir kepkite ant grotelių, kol mėsa taps tvirta ir balta, aptepkite sojų glaistu, dar 5–7 minutes.

f) Tuo tarpu vaisių iešmelius kepkite ant grotelių kartu su omaru, kol jie gražiai pasižymės, maždaug 3–4 minutes kiekvienoje pusėje.

g) Patiekite su lydytu sviestu ir laimo griežinėliais, kad išspaustumėte.

24. Tropiniai kiaulienos kebabai

Patiekiama: 8

Ingredientas
- 8 mediniai arba metaliniai iešmeliai
- 2 svarai kiaulienos nugarinės, supjaustytos 1 colio gabalėliais
- 2 didelės raudonosios paprikos, išimtos šerdies, nuvalytos ir supjaustytos į 8 dalis
- 1 didelė žalioji paprika, išimama šerdimi, išvalyta ir supjaustyta į 8 dalis
- 1/2 šviežio ananaso, supjaustyto į 4 dalis, tada į 1/4 colio pleištus
- 1/2 stiklinės medaus
- 1/2 puodelio laimo sulčių
- 2 arbatinius šaukštelius tarkuotos laimo žievelės
- 3 česnako skiltelės, susmulkintos
- 1/4 puodelio geltonųjų garstyčių
- 1 arbatinis šaukštelis druskos
- 1/4 arbatinio šaukštelio juodųjų pipirų

Kryptys
a) Jei naudojate medinius iešmelius, pamirkykite juos vandenyje 15–20 minučių. Kiekvieną iešmelį pakaitomis susukite su kiaulienos gabalėliais, 2 raudonosios paprikos gabalėliais, 1 žaliosios paprikos gabalėliu ir 2 ananasų skiltelėmis.

b) 9" x 13" kepimo formoje sumaišykite medų, laimo sultis, tarkuotą laimo žievelę, česnaką, geltonąsias garstyčias, druską ir juoduosius pipirus; gerai ismaisyti. Sudėkite kebabus į kepimo formą ir pasukite, kad pasidengtų marinatu. Uždenkite ir šaldykite bent 4 valandas arba per naktį, retkarčiais pasukdami.

c) Įkaitinkite groteles iki vidutinio ir aukšto karščio. Kebabus aptepti marinatu; marinato perteklių išmeskite. Kepkite kebabus ant grotelių 7-9 minutes arba tol, kol kiauliena nebebus rausva, dažnai sukdami kepdami iš visų pusių.

25. Azijietiška vištiena ant iešmo

Porcija: 4

Ingredientas

- 6-8 mediniai arba metaliniai iešmeliai
- 1/4 puodelio sojos padažo
- 3 šaukštai sauso baltojo vyno
- 3 šaukštai citrinos sulčių
- 2 šaukštai augalinio aliejaus
- 1/2 arbatinio šaukštelio malto imbiero
- 1/2 arbatinio šaukštelio česnako miltelių
- 1/4 arbatinio šaukštelio svogūnų miltelių
- Šaukštelis pipirų
- 6 vištienos krūtinėlės pusės be kaulų ir be odos (apie 1-1/2 svaro), supjaustytos 1-1/2 gabalėliais

Kryptys

a) Įkaitinkite groteles iki vidutinio ir aukšto karščio. Jei naudojate medinius iešmelius, pamirkykite juos vandenyje 15–20 minučių.

b) Vidutiniame inde sumaišykite visus pagrindinius ingredientus, išskyrus vištieną (ir iešmelius) ir gerai išmaišykite. Sudėkite vištienos gabalėlius, uždenkite ir marinuokite 20–30 minučių šaldytuve.

c) Padalinkite vištieną į 6–8 vienodus kiekius ir sudėkite gabalėlius ant iešmelių. Kepkite ant grotelių 5–7 minutes arba tol, kol vištiena iškeps ir neliks rausvos spalvos, įpusėjus kepti vištienai.

26. Ant grotelių keptos vištienos krūva

Porcija: 4

Ingredientas
- 8 uncijos (1/2 16 uncijų maišelio) susmulkintų kopūstų salotų
- 1 (8 uncijos) skardinė ananasų gabalėlių, nusausinta
- 1/2 puodelio kopūstų salotų padažo
- 1 puodelis barbekiu padažo
- 1/2 arbatinio šaukštelio aitriųjų paprikų padažo
- 1/2 arbatinio šaukštelio druskos
- 4 vištienos krūtinėlės be kaulų, be odos
- 4 mėsainių bandelės

Kryptys
a) Dideliame inde sumaišykite kopūstų salotas, ananasus ir užpilą; gerai išmaišykite ir atidėkite.
b) Saikingame patiekale sumaišykite barbekiu padažą ir aštrų padažą. Abi vištienos puses tolygiai apibarstykite druska, tada aptepkite padažo mišiniu.
c) Vištienos krūtinėles kepkite ant grotelių 10–13 minučių arba tol, kol neliks rausvos spalvos ir išsiskirs sultys, dažnai sukasi ir pirmąsias 5 minutes kaskart aptepkite jas barbekiu padažu.
d) Dėkite vištieną ant bandelių, ant viršaus uždėkite kopūstų salotų ir patiekite.

27. Lipnios saldžios dešros kabobai

Tarnauja 12

Ingredientas
- skonio vėrinukai
- 4 šaukštai medaus
- 1 valgomasis šaukštas medaus garstyčių 1 arbatinis šaukštelis sojų padažo
- 1 valgomasis šaukštas Tree Little Pig's Universal Purpose BBQ Rub
- 24 Saldžios itališkos dešrelės
- 8 dideli askaloniniai česnakai, nulupti ir perpjauti išilgai per pusę
- 1 raudona paprika, supjaustyta 1 colio gabalėliais 1 cukinija, supjaustyta 1/2 colio apskritimais
- 1 didelė morka, nulupta ir suskirstyta į 1/4 colio storio apskritimus

Kryptys
a) Įkaitinkite kepsninę, kad gautumėte vidutinę-aukštą kaitrą. Pamirkykite aštuonis medinius iešmelius vandenyje, kad kepant nesudegtų.
b) Dideliame inde sumaišykite medų, garstyčias, sojų padažą ir universalųjį kepsnių trintuvą. Į didelį patiekalą sudėkite dešrą, askaloninius česnakus, raudonuosius pipirus, cukinijas ir morkas ir gerai išmaišykite, kad pasidengtų. ant iešmelių sudėkite dešrą, askaloninius česnakus, raudonuosius pipirus, cukinijas ir morkas.
c) Kepkite iešmelius ant grotelių Readied, kol dešra tolygiai paruduos, o daržovės suminkštės

28. Ant grotelių keptos dešros ir garstyčių tortilijos

Ingredientas

- 1 svaras Karšta arba saldi itališka dešra arba ispaniškas chorizo
- 1 c Sotus raudonas vynas
- 9 8 colių miltų arba 6 colių kukurūzų tortilijos
- Medaus garstyčios

Kryptys

a) Sudėkite dešrą vienu sluoksniu 9 colių keptuvėje. Dešrą užpilkite vynu. Užvirinkite. Sumažinkite ugnį, iš dalies uždenkite ir troškinkite, kol dešrelės iškeps, dažnai sukdami apie 12 minučių. Išimkite dešrą iš keptuvės ir šiek tiek atvėsinkite. Išmeskite skystį.

b) Paruošta kepsninė (vidutinio-didelio karščio). Supjaustykite dešreles 1/2 colio segmentais. iešmo segmentai ant ilgų metalinių iešmelių, naudojant 3-4 iešmelius. Tortilijas supjaustykite ketvirčiais ir suvyniokite į foliją. Padėkite tortilijas ant grotelių, kad įkaistų. Kepkite dešrą ant grotelių, kol ji įkais ir apskrus iš visų pusių, apie 5 minutes. Išimkite dešrą iš iešmelių ir sudėkite į porcijų indą. Patiekite dešrą su tortilijomis ir garstyčiomis.

29. Pipirinis kepsnys ant pagaliuko

Ingredientas

- 1½-2 svarų sijono kepsnys, apipjaustytas
- 1 valgomasis šaukštas sausų garstyčių
- ½ puodelio raudonojo vyno acto
- 1 arbatinis šaukštelis druskos
- ½ puodelio baltųjų vynuogių arba obuolių sulčių
- 1 puodelis alyvuogių aliejaus
- ¼ puodelio svogūno, smulkiai supjaustyto
- 6 nedideli ir vidutinio sunkumo svogūniniai svogūnai
- 1 valgomasis šaukštas trintų džiovintų šalavijų
- 2 paprikos, supjaustytos ketvirčiais
- 1 valgomasis šaukštas šviežiai maltų juodųjų pipirų
- 6 ilgi metaliniai arba mediniai iešmai
- 1 valgomasis šaukštas maltos kalendros

Kryptys

a) Įkaitinkite grilį iki vidutinės ugnies. Į stiklinį indą sudėkite kepsnį. Kitame inde sumaišykite vyno actą, sultis, kubeliais pjaustytą svogūną, šalavijus, pipirus, kalendras, sausas garstyčias, druską ir alyvuogių aliejų.

b) Supilkite ant kepsnio ir apverskite, kad pasidengtų marinatu. Gamindami kepsnį palikite ½ puodelio sūrymo. Uždenkite, padėkite į šaldytuvą (arba ledukų skrynią) ir marinuokite mažiausiai 1 valandą.

c) Išimkite kepsnį iš marinato, supjaustykite į 6 dalis. Išpilkite sūrymą, išskyrus ½ puodelio, kurį palikote atgal. Jei naudojate medinius iešmelius, prieš naudodami pamirkykite vandenyje apie 15 minučių. suverkite mėsą ant ilgų iešmelių, supdami mėsą aplink svogūnus ir ketvirčiais supjaustytas paprikas.

d) Kepkite ant grotelių 12-15 minučių, sukdami, kad keptumėte iš visų pusių. Kepant mėsą aptepkite rezervuotu sūrymu. Padaro 6 porcijas.

30. Ramjam vištiena

Ingredientas

- 1/4 puodelio sojos padažo 1 arbatinis šaukštelis tarkuotos šviežios imbiero šaknies
- 3 šaukštai sauso baltojo vyno 1 skiltelė česnako, susmulkinta
- 2 šaukštai citrinos sulčių 1/4 arbatinio šaukštelio svogūnų miltelių
- 2 šaukštai augalinio aliejaus 1 žiupsnelis maltų juodųjų pipirų
- 3/4 arbatinio šaukštelio džiovintų itališkų prieskonių 8 vištienos krūtinėlės puselės be odos, be kaulų - supjaustytos juostelėmis

Kryptys

a) Dideliame sandariame plastikiniame maišelyje sumaišykite sojų padažą, vyną, citrinos sultis, aliejų, itališkus prieskonius, imbierą, česnaką, svogūnų miltelius ir maltus juoduosius pipirus. Įdėkite vištieną į maišelį.

b) Uždenkite ir palikite marinuotis šaldytuve arba šaldytuve bent 3 valandas arba per naktį... kuo ilgiau, tuo geriau! Kuo ilgiau leisite marinuotis, tuo intensyvesnis skonis.

c) Įkaitinkite lauko kepsninę, kad gautumėte vidutinio ir didelio karščio, ir lengvai sutepkite aliejumi. suverkite vištieną ant iešmelių ir atidėkite į šalį. Į nedidelį puodą supilkite sūrymą ir užvirkite ant stiprios ugnies.

d) Kepkite vištieną ant grotelių Readied maždaug 5 minutes iš kiekvienos pusės, kelis kartus aptepdami padažu. Vištiena iškepama tada, kai nebėra rausvos spalvos ir išbėga sultys.

31. Šašlykų kebabai

Ingredientas

- 1 svaras mėsa, kubeliais
- 2 Svogūnai, supjaustyti ketvirčiais
- 1 skardinė ananasų gabaliukai 1 žalieji pipirai, susmulkinti
- 1/2 svaro Grybai, nesmulkinti druska
- 10 vyšninių pomidorų pipirų

Kryptys

a) Ant iešmo pakaitomis sudėkite daržovių ir mėsos gabaliukus
b) Jei neturite iešmelių, jie gali būti pagaminti iš maždaug 1/4–1/3 colio storio žalių medžio šakų, vielos iš drabužių kabyklos (su dažais Išimta) arba vielos ilgio (galuose suformuokite kilpas). kai maistas yra vietoje, kad būtų lengva tvarkyti).
c) Jei pageidaujate, aptepkite BBQ padažu, itališku salotų padažu arba aromatiniu sviestu. Kepkite ant karštų žarijų, kol iškeps, maždaug 15–20 minučių, priklausomai nuo naudojamos mėsos rūšies.

32. Kepsnys fajitas

Ingredientas

- 4 šaukštai. aukščiausios kokybės pirmojo spaudimo alyvuogių aliejus 1 lb. sijonas arba šoninis kepsnys
- 1 arbatinis šaukštelis. maltų kmynų 2 paprikos, supjaustytos 2 coliais. gabalus
- 1 arbatinis šaukštelis. čili milteliai 1 raudonasis svogūnas, supjaustytas griežinėliais
- 4 česnako skiltelės, sutrintos Miltinės tortilijos
- Vieno laimo sultys

Kryptys

a) Namuose: Sumaišykite alyvuogių aliejų, kmynus, čili miltelius, česnaką, laimo sultis, druską ir pipirus. Naudokite tai, norėdami marinuoti kepsnius ir daržoves atskirai sandariuose plastikiniuose maišeliuose. Atvėsinkite. (Galite užšaldyti kepsnį ir supakuoti jį šaldytą).

b) Jei reikia, kepsnį atšildykite. Šildomas grilis

c) mėsą, paprikas ir svogūnus susmeikite ant iešmelių pakaitomis. Kepkite iešmelius ant grotelių, dažnai juos sukdami, 5–8 minutes.

33. Teriyaki kepsnių kabobai

Ingredientas

- 2 svarai. nugarinės kepsnys, supjaustytas 1 colio kubeliais

- 16 mažų grybų

- 16 vyšninių pomidorų

- 1 raudona paprika

- 1 žalioji paprika

- 1 didelis raudonasis svogūnas, supjaustytas 1 colio gabalėliais

- Teriyaki marinatas

- 8 mediniai arba bambukiniai iešmai

Kryptys

a) Į pusę marinato sudėkite kepsnio kubelius, uždenkite ir šaldykite 30-60 minučių. Medinius arba bambukinius iešmelius pamirkykite vandenyje. Įkaitinkite kepsninę, kad išdegtos uolienos būtų karštos arba anglys būtų paruoštos.

b) marinuotą mėsą ir daržoves pakaitomis suverkite ant dviejų lygiagrečių iešmelių (kad apvertus kebabus gabalėliai liktų vietoje). Tarp gaminių paliekama šiek tiek tarpo, kad būtų galima visiškai gaminti

c) Surinktus kebabus panardinkite arba aptepkite likusiu marinatu, tada dėkite ant grotelių. Po atvirais iešmo galais uždėkite aliuminio folijos juostelę, kad nesudegtumėte.

d) Kepkite ant atvirų grotelių 4-5 minutes iš kiekvienos pusės, tada patiekite su garnyru.

34. Baziliko krevetės

Ingredientas

- 2 1/2 šaukštai alyvuogių aliejaus 3 skiltelės česnako, susmulkintos

- 1/4 puodelio sviesto, ištirpintos druskos pagal skonį

- 1 1/2 citrinos, išspaustos sultys 1 žiupsnelis baltųjų pipirų

- 3 šaukštai stambiagrūdžių Paruoštų garstyčių 3 svarai šviežių krevečių, nuluptų ir nuluptų

- 4 uncijos malto šviežio baziliko

Kryptys

a) Sekliame, neakytoje inde arba inde sumaišykite alyvuogių aliejų ir lydytą sviestą. Tada įmaišykite citrinos sultis, garstyčias, baziliką ir česnaką, pagardinkite druska ir baltais pipirais. Sudėkite krevetes ir išmaišykite, kad pasidengtų.

b) Uždenkite ir padėkite į šaldytuvą arba šaldytuvą 1 valandai. Įkaitinkite grilį iki stiprios ugnies.

c) Išimkite krevetes iš marinato ir susmulkinkite ant iešmelių. Lengvai sutarkuokite aliejumi ir ant grotelių išdėliokite iešmelius. Virkite 4 minutes, vieną kartą pasukdami, kol iškeps.

35. Ant grotelių keptas seitanas ir daržovių kabobai

Padaro 4 porcijas

Ingredientas

- ¹/3 stiklinės balzamiko acto
- 2 šaukštai alyvuogių aliejaus
- 1 valgomasis šaukštas malto šviežio raudonėlio
- 2 česnako skiltelės, susmulkintos
- ¹/2 arbatinio šaukštelio druskos
- ¹/4 arbatinio šaukštelio šviežiai maltų juodųjų pipirų
- 1 svaro seitanas
- 7 uncijos mažų baltų grybų, lengvai nuplauti
- 2 mažos cukinijos, supjaustytos 1 colio gabalėliais
- 1 vidutinio sunkumo geltona paprika, supjaustyta 1 colio kvadratėliais
- prinokusių vyšninių pomidorų

Kryptys

a) Vidutiniame inde sumaišykite actą, aliejų, raudonėlį, čiobrelius, česnaką, druską ir juoduosius pipirus. Sudėkite seitaną, grybus, cukinijas, papriką ir pomidorus, pasukdami, kad apsemtų.

b) Marinuokite kambario temperatūroje 30 minučių, retkarčiais pasukdami. Seitaną ir daržoves nusausinkite, marinatą iš naujo paskirstykite.

c) Įkaitinkite grilį.

d) Ant iešmelių suverkite seitaną, grybus ir pomidorus.

e) Įdėkite iešmelius ant karštų grotelių ir kepkite, įpusėjus kepimui, pasukdami kabobus, iš viso apie 10 minučių. apšlakstykite nedideliu kiekiu rezervuoto sūrymo ir nedelsdami patiekite.

36. Ant grotelių kepti daržovių iešmeliai su mop padažu

Padaro 4 porcijas

Ingredientas
- $1/2$ puodelio stiprios juodos kavos
- $1/4$ puodelio sojos padažo
- $1/2$ puodelio kečupo
- 2 šaukštai alyvuogių aliejaus
- 1 arbatinis šaukštelis karšto padažo
- 1 arbatinis šaukštelis cukraus
- $1/4$ arbatinio šaukštelio druskos
- $1/4$ arbatinio šaukštelio šviežiai maltų juodųjų pipirų
- 1 didelė raudona arba geltona paprika, supjaustyta $11/2$ colio gabalėliais
- 2 mažos cukinijos, supjaustytos 1 colio gabalėliais
- 8 uncijos šviežių mažų baltų grybų, lengvai nuplauti ir nusausinti
- 6 vidutinio dydžio askaloniniai česnakai, perpjauti išilgai per pusę
- 12 prinokusių vyšninių pomidorų

Kryptys
a) Nedideliame puode sumaišykite kavą, sojų padažą, kečupą, aliejų, aštrų padažą, cukrų, druską ir juoduosius pipirus. Troškinkite 20 minučių, tada laikykite šiltai ant labai mažos ugnies.

b) Papriką, cukinijas, grybus, askaloninius česnakus ir vyšninius pomidorus susmeikite ant iešmelių ir sudėkite į negilią kepimo indą. Ant iešmelių susmulkintas daržoves užpilkite maždaug puse mopo padažo ir 20 minučių marinuokite kambario temperatūroje. Įkaitinkite grilį.

c) Iš keptuvės išimkite susmulkintas daržoves, vėl paskirstykite marinatą. Dėkite vėrinukus ant grotelių tiesiai virš šilumos šaltinio.
d) Kepkite ant grotelių, kol daržovės apskrus ir suminkštės, vieną kartą įpusėjus pasukti, iš viso apie 10 minučių. Perkelkite į lėkštę ir užpilkite visą likusį padažą. Patiekite iš karto.
e) Sudėkite daržoves ant iešmelių ant kepsninės ir padėkite po griliu, maždaug 4 colius nuo ugnies.
f) Kepkite ant grotelių, kol suminkštės ir gražiai apskrus, iš viso apie 8 minutes, vieną kartą įpusėjus pasukti.

37. Ant grotelių kepti daržovių iešmeliai

Padaro 4 porcijas

Ingredientas

- 1 puodelis stambiai pjaustytų šviežių petražolių
- 1 puodelis stambiai pjaustytos šviežios kalendros
- 3 česnako skiltelės, susmulkintos
- 1/2 arbatinio šaukštelio maltos kalendros
- 1/2 arbatinio šaukštelio maltų kmynų
- 1/2 arbatinio šaukštelio saldžiosios paprikos
- 1/2 arbatinio šaukštelio druskos
- 1/4 arbatinio šaukštelio malto kajeno
- 3 šaukštai šviežių citrinų sulčių
- 1/3 stiklinės alyvuogių aliejaus
- 1 vidutinio dydžio raudonoji paprika, supjaustyta išilgai 11/2 colio kvadratėliais
- 1 mažas baklažanas, supjaustytas 1 colio gabalėliais
- 1 vidutinio sunkumo cukinija, supjaustyta 1 colio gabalėliais
- 12 baltų grybų, lengvai nuplauti ir nusausinti
- 12 prinokusių vyšninių pomidorų

Kryptys

a) Maišytuvu arba virtuviniu kombainu sumaišykite petražoles, kalendrą ir česnaką ir sutrinkite iki smulkiai sumaltos. Įpilkite kalendros, kmynų, paprikos, druskos, kajeno, citrinos sulčių ir aliejaus. Apdorokite iki vientisos masės. Pereikite prie mažo patiekalo.

b) Įkaitinkite grilį. papriką, baklažanus, cukinijas, grybus ir pomidorus susmeikite ant iešmelių ir sudėkite į negilią kepimo indą. Ant iešmelių susmulkintas daržoves užpilkite maždaug puse šarmulo padažo ir 20 minučių marinuokite kambario temperatūroje.

c) Supjaustytas daržoves sudėkite ant karštų grotelių tiesiai virš šilumos šaltinio. Kepkite ant grotelių, kol daržovės apskrus ir suminkštės, vieną kartą įpusėjus kepimui, iš viso apie 10 minučių pasukite.

d) Perkelkite į lėkštę ir užpilkite visą likusį padažą. Patiekite iš karto.

38. Chimichurri ant grotelių keptos daržovės

Padaro 4 porcijas

Ingredientas
- 2 vidutinio dydžio askaloniniai česnakai, supjaustyti ketvirčiais
- 3 česnako skiltelės, susmulkintos
- $1/3$ puodelio šviežių petražolių lapelių
- $1/4$ stiklinės šviežių baziliko lapelių
- 2 arbatiniai šaukšteliai šviežių čiobrelių
- $1/2$ arbatinio šaukštelio druskos
- $1/4$ arbatinio šaukštelio šviežiai maltų juodųjų pipirų
- 2 šaukštai šviežių citrinų sulčių
- $1/2$ stiklinės alyvuogių aliejaus
- 1 vidutinio dydžio raudonasis svogūnas, perpjautas per pusę išilgai, tada perpjautas ketvirčiais
- 1 vidutinio sunkumo saldžioji bulvė, nulupta ir supjaustyta 1/2 colio segmentais
- mažos cukinijos, supjaustytos įstrižai 1/2 colio storio segmentais
- prinokusių gysločių, perpjautų išilgai per pusę, tada perpjauti per pusę horizontaliai

Kryptys
a) Įkaitinkite grilį. Mikseriu arba virtuviniu kombainu sumaišykite askaloninius česnakus ir česnakus ir sutrinkite, kol susmulkinsite. Suberkite petražoles, bazilikus, čiobrelius, druską ir pipirus ir plakite, kol susmulkinsite. Įpilkite citrinos sulčių ir alyvuogių aliejaus ir plakite, kol gerai susimaišys. Pereikite prie mažo patiekalo.
b) Daržoves aptepkite Chimichurri padažu ir dėkite ant grotelių.

c) Daržoves apverskite ta pačia tvarka, kaip dėkite ant grotelių.

d) Daržoves aptepkite daugiau Chimichurri padažo ir toliau kepkite ant grotelių, kol daržovės suminkštės, maždaug 10–15 minučių viskam, išskyrus gysločius, o tai turėtų būti padaryta maždaug per 7 minutes.

e) Patiekite karštą, apšlakstytą likusiu padažu.

39. Ant grotelių kepti apelsinų ir braškių iešmeliai

Padaro 4 porcijas

Ingredientas
- 2 dideli apelsinai, nulupti ir supjaustyti 1 colio gabalėliais
- didelių prinokusių braškių, lukštentų
- $1/2$ puodelio Grand Marnier ar kito apelsinų skonio likerio

Kryptys
a) Apelsinų gabalėlius ir braškes suverkite ant 8 iešmelių, ant kiekvieno iešmelio uždėkite po 2 arba 3 apelsinų gabalėlius, po to – 1 braškę ir užbaikite 2 ar 3 apelsino gabalėliais.

b) Į iešmelius susmulkintus vaisius sudėkite į negilų indą ir užpilkite Grand Marnier ant vaisių, pasukdami, kad apsemtų. Atidėkite 1 valandai. Įkaitinkite grilį.

c) Vaisių iešmelius kepkite ant grotelių, aptepdami marinatu, maždaug 3 minutes kiekvienoje pusėje. Iešmelius patiekite karštus, aptaškius likusiu marinatu.

40.   Ant grotelių kepta migdolų vištiena

Išeiga: 4 porcijos

Ingridientai

- 1 Kiaušinis

- ¼ puodelio kukurūzų krakmolo

- 2 šaukštai sojos padažo

- 1 didelė česnako skiltelė; malta

- 2 Vištienos krūtinėlės be odos be kaulų; supjaustykite 1" x 3" juosteles

- 2½ puodelio smulkiai pjaustytų migdolų arba graikinių riešutų; lengvai apskrudę

- 2 šaukštai maltų džiovintų arba šviežių petražolių

- 4 šviežios Kalifornijos slyvos; perpus ir be kauliukų

- Šviežias peletrūnas; neprivaloma

- Blanširuotos kininių žirnių ankštys; neprivaloma

- Susmulkintos ledkalnio salotos; neprivaloma

- 1 pikantiškas slyvų padažas

Kryptys

a) Sumaišykite pirmuosius 4 ingredientus plastikiniame maišelyje. Sudėkite vištienos gabalėlius ir marinuokite 15 minučių; nusausinti. Į plastikinį maišelį sudėkite migdolus ir petražoles. Vištienos gabalėlius po kelis sudėkite į migdolų mišinį.

b) Sukratykite, kad gerai pasidengtų. Vištieną, slyvų puseles ir peletrūną sudėkite į kepsninės krepšį arba smeigtuką ant iešmelių.

c) Kepkite ant vidutinės netiesioginės ugnies 8 minutes arba ilgiau, kol paruduos ir iškeps. Žiūrėkite lėtai, kad nesudegtumėte. Jei norite, patiekite ant salotų ir žirnių ankštimis išklotos lėkštės. Ant vištienos užpilkite slyvų padažo.

41.   Ant grotelių kepta kiauliena citrinžolėje

Išeiga: 4 porcijos

Ingridientai

- 1 svaras kiaulienos, supjaustytos kąsnio dydžio gabalėliais
- 10 šaukštų palmių cukraus
- 10 šaukštų žuvies padažo
- 10 šaukštų tamsaus sojų padažo
- 10 šaukštų citrinžolės
- 5 šaukštai viskio
- 5 šaukštai askaloniniai česnakai
- 5 šaukštai česnako
- 5 šaukštai kokosų pieno
- 3 šaukštai sezamo aliejaus
- 1 valgomasis šaukštas juodųjų pipirų

Kryptys

a) Sumaišykite sūrymą Ingredientai, išskyrus kokosų pieną, ir virkite puode arba wok, kol sumažės iki maždaug pusės pradinio tūrio.

b) Leiskite atvėsti ir supilkite kokosų pieną, maišykite, kol sumaišysite.

c) Pasūdykite mėsą 1-3 valandas vėsioje vietoje, tada gerai nusausinkite ir sudėkite ant iešmelių.

d) Mėsą kepkite ant grotelių, kol iškeps. Pakaitinkite sūrymą, kol užvirs, maišydami 1–2 minutes (kad iš marinuojamos mėsos nuvarvėtų kraujas, todėl ją sterilizuokite) ir patiekite kaip padažą mėsai.

42. Ant grotelių kepta jautienos širdis

Išeiga: 16 porcijų

Ingridientai

- 1 Jautienos širdis
- 8 česnako skiltelės; prispaustas
- 2 Čilės
- 2 šaukštai kmynų, maltų
- $\frac{1}{2}$ šaukšto raudonėlio, džiovinto
- Druska; paragauti
- Pipirai, juodieji; paragauti
- 2 stiklinės acto, vyno, raudonojo
- 1 valgomasis šaukštas Aliejus, daržovių
- Druska; paragauti

Kryptys

a) Kruopščiai išvalykite jautienos širdį, pašalinkite visus nervus ir riebalus. Supjaustykite 1 colio kubeliais, sudėkite į nereaguojantį indą, atšaldykite ir atidėkite.

b) Sumaišykite česnaką, čili, kmynus, raudonėlį, druską ir pipirus bei $1\frac{1}{2}$ puodelio acto. Užpilti ant mėsos. Jei reikia, įpilkite daugiau acto, kad mėsa visiškai apsemtų. Marinuoti, šaldytuve, 12-24 val. Likus maždaug 1 valandai iki kepimo ant grotelių, išimkite mėsą iš sūrymo ir sudėkite ant iešmelių. Rezervinis sūrymas

c) Susmulkintą čili pamirkykite ⅓ puodelio šilto vandens 30 minučių. Procesoriuje sumaišykite čili ir vandenį su aliejumi ir druska. Įpilkite pakankamai rezervuoto sūrymo (¾ puodelio), kad susidarytų tirštas padažas.

d) Iškeptą mėsą aptepkite padažu ir kepkite ant įkaitusių žarijų arba po kepsnine, sukdami ir kepdami, kad greitai iškeptumėte iš visų pusių. Geriausia kepti vidutiniškai gerai, 4-6 minutes ant grotelių. Patiekite su likusiu padažu panardinimui.

43. Ant grotelių keptas „mišrus grilis"

Išeiga: 1 porcija

Ingridientai

- Pasirinkite vištieną, dešrą, jautieną, kiaulieną ir (arba) ėrieną, kaip jums patinka, ir taip:

- 1 svaras vištienos krūtinėlės be kaulų, be odos, supjaustytos 1 colio gabalėliais

- 1 svaras Saldi itališka dešra, supjaustyta 1 colio gabalėliais

- 1 puodelis Greipfrutų sulčių

- 3 šaukštai medaus

- 2 šaukštai lydyto sviesto

- $\frac{1}{2}$ arbatinio šaukštelio druskos

- 2 šaukštai kubeliais pjaustytų šviežių rozmarinų

- 2 šaukštai kubeliais pjaustytų šviežių čiobrelių

- 1 valgomasis šaukštas kubeliais supjaustyto česnako

- 1 mažas svogūnas, supjaustytas kubeliais

- 2 šaukštai citrinos sulčių

- $\frac{1}{2}$ puodelio aliejaus

- 1 arbatinis šaukštelis džiovintų čiobrelių

- 1 arbatinis šaukštelis džiovintų mairūnų

- 1 arbatinis šaukštelis druskos

- $\frac{1}{2}$ arbatinio šaukštelio pipirų

Kryptys

a) Sumaišykite visus ingredientus dideliame nereaguojančiame sekliame inde; sūrymas uždengtas kambario temperatūroje 2 valandas arba uždengtas šaldytuve kelioms valandoms. Išimkite, iš naujo paskleiskite sūrymą ir sudėkite vištieną ant savo iešmo (-ų), o dešrą – ant savo iešmo.

b) Kepkite ant grotelių ant vidutiniškai karštų anglių, dažnai sukdami, apšlakstydami atitinkamais sūrymu. Vištiena užtruks apie 15 minučių; dešra apie 20-25 minutes; kiauliena, jautiena ar ėriena apie 20 minučių. Nuimkite nuo ugnies ir užpilkite likusį/atitinkamą sūrymą (-us); uždenkite folija apie penkias minutes; tarnauti.

ANT grotelių SKIRTINAI

44. Ant grotelių kepti čili sparneliai

Išeiga: 4 porcijos

Ingredientas

- 1 puodelis ananasų sulčių

- 2 šaukštai balzamiko acto

- 2 šaukštai tamsiai rudojo cukraus

- 4 skiltelės česnako; smulkiai supjaustyta

- 1 škotiško variklio dangčio arba habanero čili; smulkiai supjaustyta

- $\frac{1}{2}$ arbatinio šaukštelio maltų kvapiųjų pipirų

- 24 vištienos sparneliai

- Druska ir šviežiai malti pipirai

- Morkų ir salierų lazdelės

Kryptys

a) Naudokite šoninį degiklį arba įkaitinkite groteles. Sumaišykite visus ingredientus nedideliame puode ir palikite virti 2 minutes. Nuimkite nuo ugnies, supilkite į didelį indą ir atvėsinkite. Į sūrymą įpilkite vištienos sparnelių ir pamarinuokite šaldytuve mažiausiai 2 valandas.

b) Kepkite ant vidutinės ugnies 10–15 minučių arba tol, kol iškeps

c) Patiekite su salierų ir morkų lazdelėmis.

45. Karšti ant grotelių kepti vištienos sparneliai

Išeiga: 24 karštieji sparnai

Ingredientas

- 12 vištienos sparnelių

- $\frac{1}{2}$ stiklinės miltų

- $\frac{1}{2}$ arbatinio šaukštelio čili miltelių

- ⅓puodelio kepimo aliejaus

- $\frac{1}{2}$ puodelio barbekiu padažo

- $\frac{1}{2}$ arbatinio šaukštelio Aitriųjų pipirų padažo

Kryptys

a) Išimkite sparnų galiukus ir perpjaukite sparnus per pusę. Pabarstykite miltų ir čili miltelių mišiniu ir kepkite karštame aliejuje 8-10 minučių iš kiekvienos pusės iki auksinės rudos spalvos. Nusausinkite ant popierinių rankšluosčių.

b) Kartu pašildykite Barbekiu padažą ir aitriųjų paprikų padažą.

c) Sudėkite virtus vištienos sparnelius ir troškinkite kelias minutes.

46. Baltai paprikos vištienos sparneliai

Išeiga: 6 porcijos

Ingredientas

- 20 vištienos sparnelių; nupjaukite jungtį (sparnų antgalius išsaugokite atsargoms arba išmeskite)

- $\frac{1}{4}$ puodelio Šviežiai maltų baltųjų pipirų

- 2 šaukštai druskos

- $\frac{1}{2}$ puodelio sojos padažo

- $\frac{1}{4}$ puodelio laimo sulčių (apie 2 laimų)

- 2 šaukštai malto imbiero

- 2 arbatiniai šaukšteliai malto česnako

- 2 šaukštai maltų šviežių raudonųjų arba žaliųjų čili pipirų jūsų pasirinkimu

- 1 valgomasis šaukštas cukraus

- 2 šaukštai kubeliais pjaustytų šviežių bazilikų

- 2 šaukštai kubeliais pjaustytos šviežios kalendros

Kryptys

a) sparnelius apibarstykite pipirais ir druska. Kepkite ant vidutiniškai karštos ugnies, kol jie gerai apskrus, 5-7 minutes, keletą kartų pasukdami.

b) Nuimkite didžiausią sparną nuo ugnies ir valgydami patikrinkite, ar jis paruoštas.

c) Išimkite sparnelius iš grotelių ir sudėkite į didelį indą.

d) Sudėkite visus likusius ingredientus, gerai išmaišykite ir patiekite.

47. Sojoje marinuoti vištienos sparneliai

Išeiga: 10 porcijų

Ingredientas

- 2 svarai vištienos sparnelių; supjaustyti į 2 dalis,

- Būgninės

- 3 česnako skiltelės; susmulkinti

- ⅓puodelio sojos padažo

- 3 šaukštai sauso šerio arba ryžių vyno

- 2 šaukštai medaus arba cukraus

- 1 gabalas šviežio imbiero šaknies; 1 colio, supjaustytas

- 3 žali svogūnai; plonai Segmentuotas

- 2 šaukštai azijietiški; (skrudinto) sezamo aliejaus

- 1 aštrus Azijos žemės riešutų padažas

Kryptys

a) Sumaišykite vištienos sparnelius su kitais 7 ingredientais. Sudėkite į indą ar didelį plastikinį maišelį ir palikite šaldytuve bent valandą arba iki 3 dienų. Marinuodami kaskart apverskite. Kepkite ant atviros ugnies arba kepkite iki traškumo.

b) Patiekite kartu su žemės riešutų padažu.

48. Tailandietiški BBQ vištienos sparneliai

Išeiga: 1 porcija

Ingredientas

- 2 svarai vištienos sparnelių; nesusiję

- 1 skardinė kokosų pieno; (2 puodeliai)

- 1 vidutinio dydžio svogūnas; stambiai sukapoti

- 2 šaukštai česnako; sutraiškytas

- 2 arbatiniai šaukšteliai ciberžolės

- 2 arbatiniai šaukšteliai tailandietiškos džiovintos čili; sutraiškytas

- 2 arbatiniai šaukšteliai Galangal

- 1 valgomasis šaukštas rupios druskos

- 1 puodelis tajų; šviežiai pjaustytų

- 1 stiklinės svogūno; raudona susmulkinta

- 1 stiklinės laimo sulčių; šviežiai išspaustas

- 1 valgomasis šaukštas žuvies padažo

- 1 arbatinis šaukštelis druskos

- 2 šaukštai palmės; arba šviesiai rudas, ištirpintas cukrus

- $\frac{1}{2}$ stiklinės vandens

- 2 šaukštai kalendros; susmulkinti

Kryptys

a) Paimkite visus ingredientus, išskyrus sparnelius, ir sutrinkite iki plono jogurto vientisumo. Tam gali būti naudojamas virtuvės kombainas. Sudėkite į keraminį arba stiklinį indą ir sumaišykite su vištienos sparneliais, išmaišykite, kad apsemtų. Šaldykite per naktį.

b) Nukratykite dangos perteklių ir padėkite ant karštų anglių ir kepkite, stengdamiesi nesudegti. Patiekite su laimo padažu.

49.Indijos BBQ sparneliai

Išeiga: 4 porcijos

Ingredientas

- 16 vištienos sparnelių
- 1 puodelis natūralaus jogurto
- 2 šaukštai laimo sulčių
- 1 arbatinis šaukštelis česnako, susmulkinto
- $\frac{1}{2}$ arbatinio šaukštelio čili miltelių
- $\frac{1}{2}$ arbatinio šaukštelio malto kardamono
- $\frac{1}{4}$ arbatinio šaukštelio Kmynų, maltų
- $\frac{1}{4}$ arbatinio šaukštelio juodųjų pipirų
- $\frac{1}{4}$ arbatinio šaukštelio Gvazdikėlių, maltų
- $\frac{1}{4}$ arbatinio šaukštelio cinamono
- žiupsnelis Muskato riešutas
- Druska pagal skonį

Kryptys

a) Paruoštas marinatas.

b) 16 vištienos sparnelių subadykite šakute arba aštriu peiliu ir įmaišykite į marinatą. Palikite mažiausiai 2 valandas, geriausia per naktį.

c) Švelniai kepkite ant grotelių, gausiai aptepdami marinato perteklių, kol pluta iš dalies paruduos ir sparneliai iškeps

50. Aštrūs kepsninės sparneliai

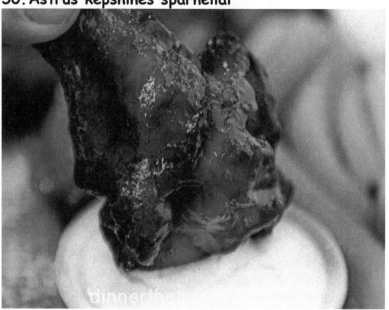

Išeiga: 4 porcijos

Ingredientas

- ½ svaro vištienos sparneliai
- ½ puodelio kečupo
- ½ stiklinės vandens
- 2 arbatiniai šaukšteliai Dižono garstyčių
- 1 arbatinis šaukštelis druskos
- 2 arbatiniai šaukšteliai karšto Luizianos padažo
- ½ arbatinio šaukštelio čili miltelių
- 2 česnako skiltelės - susmulkintos
- ¼ puodelio citrinų sulčių
- 1 valgomasis šaukštas rudojo cukraus
- 2 šaukštai Aliejus
- 2 šaukštai Worcestershire padažo
- ¼ arbatinio šaukštelio kmynų
- 1 arbatinis šaukštelis juodųjų pipirų
- Aliejus giliam kepimui

Kryptys

a) Dideliame sunkiame puode sumaišykite BBQ padažo ingredientus.

b) Užvirinkite, tada sumažinkite ugnį ir virkite 15 minučių. Keptuvėje arba wok įkaitinkite aliejų iki 375° F (190° C). Vienu metu kepkite keletą sparnelių, kol jie iškeps, maždaug 10-15 minučių.

c) Iškepusius sparnelius nusausinkite ant sugeriančio rankšluosčio. kai visi sparneliai iškeps, sudėkite juos į verdantį BBQ padažą. Išmaišykite, kad pasidengtų ir patiekite.

51.Oranžiniai ant grotelių kepti sparneliai

Išeiga: 24 užkandžiai

Ingredientas

- 12 vištienos sparnelių; patarimai Išimtas

- ⅓puodelio čili padažo

- ¼ puodelio apelsinų marmelado

- 1 valgomasis šaukštas raudonojo vyno acto

- 1½ arbatinio šaukštelio Vusterio padažo

- ¼ arbatinio šaukštelio česnako miltelių

- ¼ arbatinio šaukštelio Paruoštų garstyčių

Kryptys

a) Kiekvieną sparną perpjaukite per pusę; įdėkite į didelį uždaromą maišelį. Įpilkite sūrymo ingredientų; sandarinimo maišelis. Pasukite maišelį, kad padengtumėte sparnus. Šaldykite mažiausiai 4 valandas arba iki 24 valandų, retkarčiais pasukdami maišelį. Įkaitinkite grilį iki 375 laipsnių

b) Vištieną nusausinkite, marinatą iš naujo paskirstykite

c) Padėkite vištieną ant kepsninės. Kepkite 45-60 minučių, retkarčiais aptepdami marinatu. Išmeskite likusį marinatą.

52. BBQ sparnuočiai

Išeiga: 1 porcija

Ingredientas

- $\frac{1}{2}$ maišelio šaldytų vištienos sparnelių

- $\frac{1}{4}$ puodelio salotų aliejaus

- 5 vidutinio sunkumo svogūnai, supjaustyti kubeliais

- 3 puodeliai Pomidorų padažo

- $1\frac{1}{2}$ puodelio supakuoto rudojo cukraus

- $\frac{3}{4}$ puodelio baltojo acto

- 3 šaukštai Worcestershire padažo

- 4 šaukštai čili miltelių

- 2 šaukštai druskos

- $\frac{1}{4}$ arbatinio šaukštelio sausų garstyčių

Kryptys

a) Įkaitinkite grilį iki 400 laipsnių.

b) Įkaitintame salotų aliejuje ant vidutinės-stiprios ugnies pakepinkite svogūną, kol suminkštės.

c) Sudėkite rem ingredientus, nuolat maišydami kaitinkite iki virimo.

d) Sumažinkite ugnį ir troškinkite 30 minučių, retkarčiais pamaišykite.

e) Užpilame ant sparnelių ir kepame padaže 1 val.

53. Ant grotelių kepti Buffalo sparneliai

Ingredientas

- 4 svarai. vištų sparneliai
- 1 puodelis sidro acto 1 arbatinis šaukštelis raudonųjų pipirų dribsnių
- 2 šaukštai augalinio aliejaus 1 arbatinis šaukštelis druskos
- 2 šaukštai Worcestershire padažo 1 arbatinis šaukštelis šviežiai maltų pipirų
- 2 šaukštai čili miltelių 1 valgomasis šaukštas Tabasco arba mėgstamo aštraus padažo

Kryptys

a) Nedideliame inde sumaišykite visus sūrymui skirtus ingredientus ir gerai išmaišykite. Vištienos sparnelius sudėkite į didelį plastikinį maisto laikymo maišelį ir užpilkite marinatu. Išspauskite orą ir sandariai uždarykite maišelį.

b) Maišelį švelniai pamasažuokite, kad pasiskirstytų marinatas. Sudėkite į didelį indą ir laikykite šaldytuve arba padėkite į šaldytuvą kelioms valandoms (geriausia per naktį), retkarčiais pamasažuodami maišelį.

c) Paruoškite vidutinę ugnį savo grilyje. Aliejumi pateptą grotelių stovą pastatykite 4–6 colių aukštyje virš žarijų ar lavos akmenų. Iš marinato išimkite sparnelius, nukratykite perteklių ir išdėliokite ant grotelių.

d) Kepkite ant grotelių, dažnai sukite ir valykite su rezervuotu sūrymu Maždaug 25–30 minučių, kol oda pradės sudegti.

54. Citrinų-laimų sodos vištienos sparneliai

Ingredientas

- citrinų-laimų soda
- sojų padažas
- alyvuogių aliejus, garstyčios
- česnako
- laiškiniai svogūnai

Kryptys

a) Į indą įpilkite citrinos ir laimo sodos, sojos padažo, alyvuogių aliejaus, garstyčių, česnako ir laiškinių svogūnų, tada sumaišykite, kad sumaišytų. Įdėkite vištieną į didelius uždaromus maišelius, tada užpilkite sūrymu ir įsitikinkite, kad vištiena gerai uždengta. Šaldykite mažiausiai 8 valandas arba per naktį.

b) Įkaitinkite grilį iki vidutinio stiprumo. Kai jūsų kepsninė įkaista, žnyplėmis pamerkite popierinių rankšluosčių pluoštą į augalinį aliejų ir keliolika kartų perbraukite per groteles.

c) Kepkite vištieną ant grotelių, retkarčiais aptepdami marinato likučiais, kol vištiena iškeps, maždaug 5–6 minutes kiekvienoje pusėje.

ANT grotelių kepta DEŠRA

55.   Pusryčių dešros rutuliukai

Išeiga: 12 porcijų

Ingredientas

- 2 šaukštai apelsinų sulčių, šaldyto koncentrato

- 2 šaukštai klevų sirupo

- 4 segmentai Duona

- 1 kiaušinis, šiek tiek sumaišytas

- $\frac{1}{2}$ svaro švelnios masės dešra

- $\frac{1}{2}$ puodelio kubeliais pjaustytų ant grotelių keptų pekano riešutų

- 2 šaukštai petražolių dribsnių

Kryptys

a) Duoną sulaužykite apelsinų sultyse ir klevų sirupe. Įmuškite kiaušinį ir gerai išmaišykite.

b) Sumaišykite likusius ingredientus. Padarykite mažus maždaug 1 colio skersmens dešros rutuliukus arba paplotėlius. Lėtai kepkite keptuvėje arba ant vidutinės ugnies, kol apskrus.

c) Prieš patiekdami pašildykite ant grotelių.

56. Ant grotelių kepta miško grybų dešra

Išeiga: 2 porcijos

Ingredientas

- 6 uncijos vištienos krūtinėlės; Kauluotas ir nuluptas

- 1 Kiaušinis

- 2 uncijos sunkiosios grietinėlės; Šalta

- 3 uncijos Cremini grybų

- 3 uncijos Portabella grybų

- 3 uncijos Shitake grybų

- 3 uncijos mygtukų grybai

- $\frac{1}{2}$ uncijos smulkių žolelių (petražolės, peletrūnai, česnakai, vyšnios)

- 1 uncija askaloninių česnakų; Supjaustyti kubeliais

- Druska; Paragauti

- pipirų; Paragauti

- Sviestas

Kryptys

a) Vištienos putėsiams: Vištieną sutrinkite virtuviniu kombainu iki vientisos masės. Įpilkite druskos, pipirų ir kiaušinio. Pulsuokite tik maišydami ir nubraukite šonus.

b) Kol virtuvės kombainas veikia, palaipsniui per tiekimo vamzdelį įpilkite grietinėlės.

147

c) Atsipalaiduokite ir rezervuokite. Grybus nuplaukite ir supjaustykite į segmentus. Įkaitintoje keptuvėje apkepkite grybus su sviestu. Kai grybai paruduos, suberkite askaloninius česnakus ir žoleles. Išimkite iš keptuvės ir atvėsinkite. uždenkite grybus ir vištieną.

d) išlyginkite plastikinę plėvelę ant stalo. Viduryje supilkite 1 colio krūvą grybų mišinio. Susukite plastiką į rąstą. Suriškite galus virvele ir suriškite į saitus. Troškinkite verdančiame vandenyje 10 minučių. Išmeskite jungtis lediniame vandenyje. Tai galima padaryti iki 3 dienų į priekį. Norėdami patiekti, išimkite dešrą iš plastiko ir kepkite ant grotelių, kepkite arba rūkykite, kol ji bus karšta. Supjaustykite dešrą ir patiekite su mišriomis salotomis.

57.   Ant grotelių keptos dešros tapas

Išeiga: 6 porcijos

Ingredientas

- $\frac{1}{2}$ svaro Visiškai išvirta rūkyta dešra

- $\frac{1}{2}$ svaro Pilnai iškeptas Bratwurst

- $\frac{1}{2}$ svaro virtos vasarinės dešros

- 10 ananasų gabalėlių, nusausintų

- 1 raudonas skanus obuolys, supjaustytas griežinėliais

- 1 vasarinis skvošas / cukinija, supjaustyta 1 colio gabalėliais

- 2 maži svogūnai, apvirti, supjaustyti griežinėliais

- 4 kieti slyviniai arba vyšniniai pomidorai, perpjauti per pusę

- Nuo 4 vidutinio iki 6 sveikų grybų

- 1 maža žalia ir raudona paprika

- Citrinų pipirų sūrymas/padažas

- $\frac{3}{4}$ puodelio alyvuogių aliejaus

- 3 šaukštai raudonojo vyno acto

- ⅓puodelio šviežių citrinų sulčių

- 2 arbatiniai šaukšteliai tarkuotos citrinos žievelės

- 1 skiltelė česnako, susmulkinta

- 2 šaukštai Cukrus

- $\frac{1}{2}$ arbatinio šaukštelio čiobrelių

- $\frac{1}{4}$ arbatinio šaukštelio šviežių maltų pipirų

- $\frac{1}{2}$ arbatinio šaukštelio druskos

Kryptys

a) Į didelį maišymo indą supilkite citrinų pipirų sūrymo ingredientus. plakite viela plaktuvu, kol gerai susimaišys. Sudėkite dešros gabalėlius ir gerai aptepkite, sukdami mentele. sūrymu šaldytuve bent 1 valandą, retkarčiais pasukdami. Įkaitinkite grilį.

b) Pakaitinkite dešrą su vaisiais ir daržovėmis ant iešmo.

c) Padėkite kabobus ant grotelių; gausiai aptepkite likusiu sūrymu.

d) Kepkite ant grotelių 5–6 minutes – pagal poreikį sukite. Sutepkite sūrymu.

58. **Ant grotelių keptos dešrelės**

Išeiga: 1 porcija

Ingredientas

- 2 svarai Šviežios jautienos ir ėrienos dešros nuorodos
- 2 svarai rūkytos viskio pankolio kiaulienos dešros nuorodos; apie
- Naminis pomidorų kečupas
- Garstyčių asorti
- 12 mažų prancūziškų kepalėlių arba dešrainių bandelių
- 4 vidutinio dydžio svogūnai; Supjaustyti kubeliais
- 4 česnako skiltelės; Supjaustyti kubeliais
- Keturios skardinės sveikų pomidorų
- $\frac{1}{2}$ stiklinės cukraus
- 1 puodelis sidro acto
- 1 arbatinis šaukštelis sveikų gvazdikėlių
- 1 arbatinis šaukštelis nesmulkintų kvapiųjų pipirų; sutraiškytas
- 1 cinamono lazdelė
- 1 arbatinis šaukštelis salierų sėklų
- 2 arbatiniai šaukšteliai sausų garstyčių
- 1 arbatinis šaukštelis paprika

- Tabasco pagal skonį

Kryptys

a) Paruoštas grilis.

b) Kepkite šviežias dešreles ant aliejumi pateptų grotelių, pastatytų 5–6 colių aukštyje virš žėrinčių anglių, sukdami jas 10-15 minučių arba tol, kol iškeps (170 F. ant greito nuskaitymo termometro). Kepkite rūkytas dešreles ant grotelių, jas sukdami, 5–8 minutes arba kol įkais

c) Patiekite dešreles su kečupu ir garstyčiomis ant duonos.

d) Padarykite pomidorų kečupą:

e) Sunkiame virdulyje kepkite svogūnus, česnakus ir pomidorus.

f) Uždenkite ant vidutinės ugnies, retkarčiais pamaišydami, kol svogūnai suminkštės, maždaug 40 minučių. Supilkite mišinį per maisto malūną su stambiu disku į lėkštę.

g) Išvalytame virdulyje sumaišykite tyrę, cukrų ir actą ir troškinkite, uždenkite, dažnai maišydami, kad nesudegtų, kol sumažės dalimis, maždaug 20 minučių.

h) Gvazdikėlius, kvapiuosius pipirus, cinamoną ir salierų sėklas suriškite į marlės maišelį ir sudėkite į pomidorų mišinį su garstyčiomis ir paprika. Virkite mišinį, maišydami, iki labai storo, maždaug 10 minučių

59.   Ant grotelių kepta rūkyta dešra

Išeiga: 4 porcijos

Ingredientas

- 1 litras vištienos sultinio

- $\frac{3}{4}$ uncijos kukurūzų krakmolo

- $\frac{1}{2}$ litro raudonojo vyno acto

- $\frac{1}{2}$ kvartalo aukščiausios kokybės pirmojo spaudimo alyvuogių aliejaus

- $\frac{1}{2}$ arbatinio šaukštelio druskos

- 1 arbatinis šaukštelis kubeliais pjaustytas šviežias bazilikas

- 1 arbatinis šaukštelis kubeliais pjaustytas šviežias raudonėlis

- $\frac{1}{2}$ arbatinio šaukštelio kubeliais supjaustyto šviežio česnako

- 1 arbatinis šaukštelis kubeliais pjaustytų šviežių čiobrelių

- 1 Ketvirčiais supjaustytas poras

- 1 cukinija, suskirstyta 1/8 colio storio

- 1 1/8 colio storio geltonasis moliūgas

- 1 1/8 colio storio susmulkintas svogūnas

- 1 1/8 colio storio susmulkintas pomidoras

- 4 rūkytos dešrelės

Kryptys

a) Sultinį (sultinį) užvirinkite. Kukurūzų krakmolą atskieskite nedideliu kiekiu šalto vandens arba sultinio (sultinio). Palaipsniui įmaišykite atskiestą kukurūzų krakmolą. Maišykite, kol sultinys bus pakankamai tirštas, kad lengvai padengtų šaukšto nugarą.

b) Leiskite atsargoms atvėsti. Kai atvės, į virtuvinį kombainą supilkite actą ir aliejų bei žoleles. Įberkite druskos pagal skonį.

c) Šildomas grilis

d) Daržoves lengvai išmaišykite sūryme, tiek, kad apsemtų.

e) Padėkite ant grotelių ir kepkite, kol suminkštės, maždaug 3–5 minutes

f) Kepkite rūkytą dešrą kartu su daržovėmis. Patiekite rūkytą dešrą su daržovių išdėstymu.

60. Pusryčių sumuštiniai su dešra

Išeiga: 1 porcija

Ingredientas

- Minkštas sviestas arba margarinas
- 8 segmentai Duona
- 1 svaras kiaulienos dešra, virta
- Susmulkinti ir nusausinti
- 1 puodelis susmulkinto čederio sūrio
- 2 kiaušiniai, sumaišyti
- $1\frac{1}{2}$ stiklinės pieno
- $1\frac{1}{2}$ arbatinio šaukštelio garstyčių

Kryptys

a) Vieną kiekvieno duonos segmento pusę ištepkite sviestu.

b) Sudėkite 4 segmentus sviestu patepta puse žemyn į vieną sluoksnį į lengvai riebalais pateptą 8 colių kvadratinį kepimo indą.

c) kiekvieną duonos dalį uždėkite dešra ir likusiais duonos gabalėliais, sviestu patepta puse į viršų. Pabarstykite sūriu.

d) Sumaišykite likusius ingredientus; spurtuoti ant sumuštinių. uždenkite dangčiu ir šaldykite mažiausiai 8 valandas.

61. Ant grotelių kepta lenkiška dešra

Išeiga: 100 porcijų

Ingredientas

- 18¾ svarų lenkiška dešra
- 3⅛ svarų raugintų kopūstų
- 1 svaras svogūnų džiovinti
- 100 bandelių Frankfurter
- 1⅛ svaro garstyčių

Kryptys

a) Kepkite ant grotelių, kol gerai iškeps ir paruduos. Dažnai vartykite, kad užtikrintumėte tolygų rudumą.

b) Į kiekvieną ritinį įdėkite 2 gabalėlius dešros.

c) Ant kiekvienos dešros užtepkite 1 arbatinį šaukštelį garstyčių. Įdėkite 1 šaukštą raugintų kopūstų ir 1 arbatinį šaukštelį kubeliais pjaustytų svogūnų.

d) Patiekite karštą.

62. Ant grotelių kepti andouille dešrelių vyniotiniai

Išeiga: 1 porcija

Ingredientas

- 2 arbatinius šaukštelius alyvuogių aliejaus
- ½ svaro Andouille dešros
- ½ puodelio smulkiai pjaustytų svogūnų
- ½ svaro Maytag mėlynojo sūrio
- 1 svaras šoninio kepsnio; supjaustyti į 4
- Esmė
- troškintos bulvės
- 1 valgomasis šaukštas smulkiai pjaustytų šviežių petražolių
- 1 valgomasis šaukštas alyvuogių aliejaus
- 1 puodelis Smulkiai supjaustykite svogūnus
- Druska
- Šviežiai malti juodieji pipirai
- ¼ svaro graikinių riešutų puselės
- 1 svaras naujų bulvių; supjaustyti ketvirčiais ir kepti ant grotelių
- 2 arbatinius šaukštelius kubeliais pjaustyto česnako
- 2 puodeliai Veršienos sumažinimas

Kryptys

a) Įkaitinkite grilį.

b) Kiekvieną šoninio kepsnio gabalėlį padėkite tarp dviejų plastikinės plėvelės lakštų.

c) Naudodami maltinį plaktuką, kiekvieną kepsnį susmulkinkite maždaug $\frac{1}{4}$ colio storio. Išimkite ir išmeskite plastikinę plėvelę.

d) Abi kepsnio puses pagardinkite esencija.

e) Ant kiekvieno kepsnio tolygiai uždėkite 2 uncijas dešrų mišinio. Pabarstykite 2 uncijas sūrio tolygiai ant kiekvieno kepsnio. Pradėkite nuo vieno galo, kiekvieną kepsnį sandariai susukite, suformuodami į želė ritinėlį panašią formą.

f) Kiekvieną ritinį pritvirtinkite trimis dantų krapštukais.

g) Sudėkite ritinius ant grotelių ir kepkite 2–3 minutes iš visų pusių, kad būtų vidutinio sunkumo.

h) Išimkite iš grotelių ir prieš pjaustydami palaikykite porą minučių.

i) Aštriu peiliu supjaustykite kiekvieną ritinį į $\frac{1}{2}$ colio segmentus.

j) Norėdami patiekti, į kiekvienos lėkštės vidurį šaukštu dėkite bulves. Ritinio segmentus išdėliokite aplink bulves. Papuoškite petražolėmis.

63.　　Ant grotelių kepti žvėrienos krepinetai

Išeiga: 1 porcija

Ingredientas

- 1 svaras anties su riebalais
- $\frac{1}{2}$ svaro kiaulienos užpakalis
- $\frac{1}{4}$ svaro Pancetta
- 1 arbatinis šaukštelis kmynų sėklų
- 1 arbatinis šaukštelis cinamono
- 1 arbatinis šaukštelis druskos
- $\frac{1}{4}$ svaro žiedinių riebalų
- 4 šaukštai aukščiausios kokybės pirmojo spaudimo alyvuogių aliejaus
- 2 skiltelės česnako, smulkiai susmulkintos
- 2 puodeliai lapinių kopūstų
- Druska ir šviežiai malti pipirai pagal skonį
- 2 buteliai balzamiko acto, sumažintas iki 20 procentų iki sirupo

Kryptys

a) Įkaitinkite kepsninę arba grilį.

b) Antieną, kiaulienos užpakaliuką ir pancetą supjaustykite $\frac{1}{4}$ colio kubeliais. Mėsą perleiskite per smulkintuvą. Mišinys turėtų būti gana šiurkštus.

c) Dideliame maišymo inde sumaišykite maltą mėsą su cinamonu, kmynais ir druska. Labai gerai išmaišyti. Padalinkite mišinį į 8 vienodus ovalius, maždaug $\frac{1}{2}$ colio storio paplotėlius. Kiekvieną paplotėlį apvyniokite riebaluose. Padėkite pyragėlius po kepsnine arba ant grotelių ir kepkite maždaug 4–5 minutes iš kiekvienos pusės. Atidėti.

d) Didelėje 12–14 colių keptuvėje įkaitinkite alyvuogių aliejų, kol jis pradės rūkyti.

e) Sudėkite česnaką ir pakepinkite iki labai šviesiai rudos spalvos, maždaug 2 minutes. sumaišykite kopūstus ir greitai maišydami patroškinkite apie 2–3 minutes, kol suvys, bet ne per minkšti. Nukelkite nuo ugnies ir pagardinkite druska bei pipirais.

f) Padalinkite mišinį po lygiai į 4 lėkštes ir patiekite.

64. Naminė marokietiška avienos dešra

Išeiga: 4 porcijos

Ingredientas

- 1⅓svaras liesos ėrienos, sumaltos su

- ⅔svarų ėrienos, kiaulienos ar jautienos riebalų

- 2 šaukštai Vanduo

- 1½ šaukšto malto česnako

- 2 šaukštai kubeliais pjaustytos šviežios kalendros

- 2 šaukštai kubeliais pjaustytų šviežių petražolių

- 2 šaukštai paprika

- 1½ arbatinio šaukštelio maltų kmynų

- 1½ arbatinio šaukštelio Maltos kalendros

- 1¼ arbatinio šaukštelio cinamono

- ¾ arbatinio šaukštelio Kajeno pipirų

- 1¼ arbatinio šaukštelio druskos

- ½ arbatinio šaukštelio Šviežiai maltų pipirų

- 2 pėdų šerno korpusas

- 2 šaukštai alyvuogių aliejaus; neprivaloma

- 1 didelė žalioji paprika; neprivaloma

- 2 vidutinio dydžio svogūnai; neprivaloma

Kryptys

a) Dideliame inde sumaišykite visus ingredientus, išskyrus alyvuogių aliejų ir tris pasirenkamus elementus, ir gerai išmaišykite.

b) Įkaitinkite groteles arba grilį.

c) Kepkite ant grotelių arba ant grotelių 3-4 minutes iš abiejų pusių, kol iškeps. Pastiles aptepkite aliejumi ir kepkite 3-4 minutes iš kiekvienos pusės. Paplotėlius aptepkite aliejumi ir kepkite ant grotelių 4-5 minutes iš kiekvienos pusės arba kepkite ant stiprios ugnies.

d) Jei pageidaujama, prieš kepant ant grotelių dešreles galima smeigti ant iešmelių pakaitomis su žaliosios paprikos gabalėliais ir svogūnų ketvirčiais.

65.   Ant grotelių keptos moliūgų ir alaus dešrelės

Išeiga: 1 porcija

Ingredientas

- 1 butelis alaus

- 4 uncijos moliūgų; švieži arba konservuoti

- 1 uncija česnako; Supjaustyti kubeliais

- 1 uncija grynas klevų sirupas

- 2 Nuorodos kiekvienai antičiai; persmeigtas šakute

- 2 Nuorodos elniena; persmeigtas šakute

- 2 Nuorodos vištienos dešra; persmeigtas šakute

- 1 mažas raudonasis svogūnas; Segmentuotas plonas

- 1 valgomasis šaukštas sviesto

- Druska

- Pipirai

- 1 svogūninis pankolis; nusiskuto

- 1 uncija Kiekvienas saga bleu sūris

- 1 uncija angliško stiltono

- 1 uncija Gorgonzola

Kryptys

a) Sumaišykite porterį, moliūgą, česnaką ir klevų sirupą ir užpilkite ant dešrelių.

b) Išimkite dešreles iš sūrymo ir kepkite 500 laipsnių kepsninėje 10 minučių. Supjaustykite ir kepkite ant grotelių, kol iškeps.

c) Svogūnus pakepinkite svieste ant silpnos ugnies, kol suminkštės ir taps skaidrūs. Pagardinkite druska ir pipirais

66.   Ant grotelių kepta dešra tortilijose

Išeiga: 15 porcijų

Ingredientas

- 1 svaras karštos arba saldžios itališkos dešros
- 1 puodelis Sodraus raudonojo vyno
- 9 8 colių miltų arba 6 colių kukurūzų tortilijos
- Medaus garstyčios

Kryptys

a) Sudėkite dešrą vienu sluoksniu 9 colių keptuvėje. užtepkite vyną ant dešros. Užvirinkite. Sumažinkite ugnį, iš dalies uždenkite dangčiu ir troškinkite, kol dešrelės iškeps, dažnai sukdami apie 12 minučių.

b) Išimkite dešrą iš keptuvės ir šiek tiek atvėsinkite.

c) Paruošta kepsninė (vidutinio-didelio karščio). Supjaustykite dešreles $\frac{1}{2}$ colio segmentais. ant ilgų metalinių iešmelių supjaustykite spyglių segmentus, naudodami 3–4 iešmelius.

d) Tortilijas supjaustykite ketvirčiais ir suvyniokite į foliją. Padėkite tortilijas ant grotelių, kad įkaistų. Kepkite dešrą ant grotelių, kol ji įkais ir apskrus iš visų pusių, apie 5 minutes.

e) Išimkite dešrą iš iešmelių ir sudėkite į serviravimo indą. Patiekite dešrą su tortilijomis ir garstyčiomis.

67. Ant grotelių kepti dešrelių sumuštiniai

Išeiga: 4 porcijos

Ingredientas

- 1 valgomasis šaukštas alyvuogių aliejaus
- 1 svogūnas, supjaustytas kubeliais
- 1 skiltelė česnako, susmulkinta
- 1 Saldieji raudonieji pipirai, stambiai supjaustyti
- Suberkite aitriosios paprikos dribsnius
- Pomidorai
- 2 šaukštai kubeliais pjaustytų šviežių petražolių
- $\frac{1}{4}$ arbatinio šaukštelio Kiekvienas druskos ir pipirų
- 4 itališkos dešrelės
- 4 traškūs itališki suktinukai
- 4 salotų lapai
- 4 arbatiniai šaukšteliai Šviežiai tarkuoto parmezano sūrio

Kryptys

a) Sunkiame puode ant vidutinės ugnies įkaitinkite aliejų; Kepkite svogūną ir česnaką, retkarčiais pamaišydami, 5 minutes arba ilgiau, kol suminkštės. Įdėkite raudonųjų pipirų ir aitriųjų pipirų dribsnių; virkite 2 minutes.

b) Įmaišykite pomidorus, petražoles, druską ir pipirus; užvirinkite. Sumažinti šilumą; troškinkite 20 minučių arba ilgiau, kol sutirštės.

c) Tuo tarpu dešreles perpjaukite išilgai beveik iki galo. Atidarykite ir padėkite nupjauta puse žemyn ant riebalais išteptų grotelių ant vidutinės-stiprios ugnies; kepkite apie 5 minutes iš kiekvienos pusės arba iki tol, kol išorė taps traški, o vidus nebebus rausvas.

d) Suskirstykite kiekvieną ritinėlį dalimis horizontaliai; skrudinkite, supjaustyta puse žemyn, 2–3 minutes arba iki auksinės spalvos. viršutinė kiekvieno apatinė dalis su salotomis ir dešra; šaukštą pomidorų padažo ant viršaus. Pabarstykite parmezanu; uždenkite dangteliu su viršutine ritinio dalimi.

68.   Ant grotelių kepta dešra su pipirais

Išeiga: 1 porcija

Ingredientas

- 12 itališkos dešros; (vidutiniškai karšta)

- 3 dideli raudonieji pipirai

- 2 vidutinio sunkumo svogūnai

- 3 kukurūzų ausys

- 2 jautienos kepsnių pomidorai

- 12 didelių baziliko lapelių

- ⅓ puodelio ir 4 šaukštai aukščiausios kokybės pirmojo spaudimo alyvuogių aliejaus

- Košerinė druska pagal skonį

- Šviežiai maltų juodųjų pipirų pagal skonį

- 4 šaukštai balzamiko acto

- 1 didelė česnako skiltelė; (Supjaustytas kubeliais)

Kryptys

a) Paruoškite vidutinę ugnį ir padėkite groteles 6 colius virš žarijų. Į indą supilkite 4 šaukštus aliejaus ir įmaišykite kubeliais pjaustytą česnaką.

b) Paprikas, svogūnus ir kukurūzus aptepkite aliejumi, pagardinkite druska ir pipirais.

c) Paprikas dėkite ant grotelių (pjaunama puse žemyn) ir kepkite apie 4-5 minutes.

d) Apverskite grilį dar 2 minutes. Būkite atsargūs, kad oda pernelyg nesudegtų.

e) Išimkite paprikas ir julienne. Sudėkite svogūnus ant grotelių ir kepkite po 3 minutes iš kiekvienos pusės. Išimkite iš grotelių ir supjaustykite $\frac{1}{2}$ colio gabalėliais.

f) Sudėkite kukurūzus ant grotelių ir kepkite 1 minutę. Pasukite kukurūzus ir toliau kepkite ant grotelių

g) Išimkite iš grotelių ir peiliu išimkite branduolius iš burbuolės. Dešrą dėkite ant grotelių ir kepkite apie 4 minutes iš kiekvienos pusės. Dešrelės turėtų išvirti maždaug per 6-8 minutes.

h) Į indą sudėkite žiuljeno pipirus, kubeliais pjaustytus svogūnus, kukurūzų kauliukus ir kubeliais pjaustytus pomidorus. Pridėti baziliką

i) Pagardinkite druska ir pipirais

j) Padalinkite salotas į šešias lėkštes ir į kiekvieną lėkštę dėkite po dvi dešreles. Patiekite su traškia itališka duona.

69. Ant grotelių kepta dešra su aštriomis garstyčiomis

Išeiga: 1 porcija

Ingredientas

- Švelni itališka dešra --
- Kepta ant grotelių
- Aštrios garstyčios
- Iešmeliai

Kryptys

a) Ant grotelių arba ant grotelių kepta švelni itališka dešra; supjaustykite gabalėliais ir patiekite ant iešmelių, kartu su mėgstamomis aštriomis garstyčiomis.

70. **Ant grotelių kepta dešra ir Portobello**

Išeiga: 6 porcijos

Ingredientas

- 2 svarai pomidorų; perpus

- 1 didelis Portobello grybas

- 1 valgomasis šaukštas Augalinis aliejus

- 1 arbatinis šaukštelis druskos; padalintas

- 1 svaras Saldžios itališkos dešrelės

- 2 šaukštai alyvuogių aliejaus

- 1 arbatinis šaukštelis malto česnako

- $\frac{1}{4}$ arbatinio šaukštelio čiobrelių

- $\frac{1}{4}$ arbatinio šaukštelio Šviežiai maltų pipirų

- 1 svaras Rigatoni

Kryptys

a) Šildomas grilis

b) Pomidorus ir grybus aptepkite augaliniu aliejumi ir pagardinkite $\frac{1}{2}$ arbatinio šaukštelio druskos. Kepkite ant vidutiniškai karštos ugnies, kol suminkštės, 5–10 minučių pomidorams ir 8–12 minučių grybams, vieną kartą pasukdami. Dešreles kepkite ant grotelių 15–20 minučių, vieną kartą pasukdami.

c) Pjaustyti pomidorus; segmentuoti dešreles ir grybus; Pereikite prie didelio patiekalo. Įmaišykite alyvuogių aliejų, česnaką, likusį $\frac{1}{2}$ šaukštelio druskos, čiobrelius ir pipirus.

d) sumaišykite su karštais rigatoni.

71.   Padažytos Ant grotelių keptos dešrelės

Išeiga: 1 porcija

Ingredientas

- 1 uncija džiovintų kiaulienos grybų
- $1\frac{1}{2}$ puodelio karšto vandens
- 3 šaukštai alyvuogių aliejaus
- 1 didelio svogūno; Supjaustyti kubeliais
- 3 didelių česnako skiltelių; Supjaustyti kubeliais
- $1\frac{1}{2}$ šaukšto kubeliais pjaustytų šviežių rozmarinų
- $\frac{1}{4}$ arbatinio šaukštelio Džiovintų maltų raudonųjų pipirų
- 2 skardinės itališkų slyvinių pomidorų; nusausinti, supjaustyti kubeliais
- 2 šaukštai pomidorų pastos
- $3\frac{1}{2}$ svaro Nevirtos dešros asorti

Kryptys

a) Sudėkite grybus į nedidelį indą. Įpilkite $1\frac{1}{2}$ puodelio karšto vandens; leiskite pailsėti 30 minučių, kad suminkštėtų.

b) Ištraukite grybus iš mirkymo skysčio, išspauskite grybus, kad skystis išsiskirtų į tą patį indą. Rezervinis skystis

c) Įkaitinkite aliejų ant vidutinės ugnies

d) Pridėti svogūną ir česnaką; kepkite, kol suminkštės, apie 8 minutes. Įpilkite rozmarinų ir raudonųjų pipirų ir pakepinkite

1 minutę. Sudėkite pomidorus, pomidorų pastą ir grybus. supilkite grybų mirkymo skystį, palikdami nuosėdas indo apačioje. Padažą užvirinkite, dažnai maišydami.

e) Sumažinti šilumą; troškinkite, kol sutirštės, retkarčiais pamaišydami, apie 1 val. Sezonas

f) Kepkite dešreles ant grotelių, kol iškeps, retkarčiais pasukdami apie 12 minučių

72.   Ant grotelių keptos dešrelės su vynuogėmis

Išeiga: 1 porcija

Ingredientas

- 4 šaukštai Virgin alyvuogių aliejaus

- 1 vidutinio dydžio raudonasis svogūnas, plonai susmulkintas

- 1 svaras Vyno arba violetinės vynuogės

- ½ svaro Napa kopūstai, suskirstyti į segmentus, 1/8 colio gabalėliais

- 8 itališkos pankolių dešrelės, subadytos šakute

- 4 šaukštai raudonojo vyno acto

- Druska ir pipirai pagal skonį

Kryptys

a) Įkaitinkite grilį.

b) 12–14 colių keptuvėje įkaitinkite alyvuogių aliejų iki rūkymo. Įdėkite svogūną ir kepkite, kol suminkštės ir pradės ruduoti, maždaug 6–7 minutes.

c) Sudėkite vynuoges ir kopūstus ir virkite, kol kopūstai suminkštės, o kai kurios vynuogės išsiplės, maždaug 12–15 minučių.

d) Tuo tarpu uždėkite dešrą ant grotelių ir kepkite, reguliariai sukdami apie 12–15 minučių.

e) Į kopūstų mišinį įpilkite acto ir pagardinkite druska bei pipirais.

f) Padėkite dešrą ant kopūstų ir patiekite iš keptuvės.

73.   Ant grotelių keptos tailandietiškos vištienos dešrelės

Išeiga: 1 porcija

Ingredientas

- 6 vištienos dešrelės su tailandietiškais prieskoniais
- 6 dešrainių bandelės
- 6 šaukštai Sumažinto riebumo arba paprasto majonezo
- 1 nedidelė kepta raudonoji paprika; smulkiai sumalti
- 2 šaukštai tailandietiško žemės riešutų satay padažo
- $4\frac{1}{2}$ arbatinio šaukštelio laimo sulčių

Kryptys

a) Virkite dešreles ant karštų žarijų, kol iškeps; paskutinę minutę ar dvi įdedame suktinukus paskrudinti.

b) Mažame inde sumaišykite majonezą, raudonuosius pipirus, satay padažą ir laimo sultis; gerai ismaisyti.

c) Skrudintus suktinukus aptepti majonezo mišiniu; pridėkite dešrelių ir garnyrų pagal pageidavimą.

74. Krevečių ir dešrų grilis

Išeiga: 4 porcijos

Ingredientas

- $\frac{3}{4}$ puodelio alyvuogių aliejaus

- 2 šaukštai (supakuoti) šviežių čiobrelių lapelių

- 2 (didelių) gvazdikėlių; malta

- $\frac{1}{2}$ arbatinio šaukštelio Džiovintų maltų raudonųjų pipirų

- 32 didelės Nevirtos krevetės; nuluptas, išardytas

- 32 Cremini arba mygtukų grybai; stiebai apipjaustyti

- 8 bambukinių iešmelių; mirkomi 30 minučių vandenyje

- $1\frac{1}{2}$ svaro Andouille dešros

Kryptys

a) Sumaišykite alyvuogių aliejų, čiobrelius, smulkintą česnaką ir trintus raudonuosius pipirus trintuvu 1 minutę. supilkite mišinį į didelį indą. Sudėkite krevetes ir palikite 1 valandą kambario temperatūroje. Išimkite krevetes iš sūrymo; rezervinis sūrymas. ant 1 iešmo horizontaliai susmeigti 1 grybą.

b) Laikykite 1 Andouille gabalėlį 1 krevetės kreivėje; smaigalys kartu ant iešmo, stumdomas šalia grybo. pakartokite, pakaitomis ant kiekvieno iešmelio iš viso 4 grybus, 4 krevetes ir 4 Andouille gabaliukus

c) Paruošta kepsninė (vidutinio-didelio karščio). Atliekamą sūrymą užvirinkite sunkiame mažame puode.

d) Išdėliokite iešmelius ant grotelių ir aptepkite sūrymu. Kepkite ant grotelių, kol krevetės iškeps, retkarčiais pasukdami ir apliedami sūrymu, maždaug 8 minutes.

75.   Kepti ant grotelių kepti dešrainiai

Išeiga: 20 porcijų

Ingredientas

- 2 puodeliai pomidorų padažo; <ARBA>

- 2 puodeliai pomidorų tyrės

- 4 šaukštai čili padažo

- 1 valgomasis šaukštas acto

- 1 valgomasis šaukštas citrinos sulčių

- 2 arbatiniai šaukšteliai Cukrus

- Druskos ir pipirų

- $\frac{1}{2}$ arbatinio šaukštelio paprikos

- $\frac{1}{4}$ arbatinio šaukštelio cinamono

- Kubeliais supjaustyti svogūnai; pagal skonį

- $\frac{1}{4}$ arbatinio šaukštelio kvapiųjų pipirų

- 3 Salierų stiebai

Kryptys

a) Svogūnus ir salierus supjaustykite kubeliais ir pakepinkite kepimo aliejuje.

b) Sudėkite likusius ingredientus ir virkite apie 20 minučių.

c) supilkite ant dešrainių keptuvėje ir kepkite vieną valandą ant grotelių 350° temperatūroje

76.   Ant grotelių kepti dešrainiai

Ingredientas

- 2/3 c. kepsnių padažas

- 1 T. rudojo cukraus

- 1/2 c. ananasų konservai

- Dešrainiai

- 2 T. sviesto

Kryptys

a) Sumaišykite pirmuosius keturis ingredientus. Kaitinkite nedideliame puode ant silpnos ugnies, kol cukrus ištirps, retkarčiais pamaišydami.

b) Kepkite dešrainius ant karštų anglių, aptepkite padažu.

c) Dažnai sukite.

77.   Alaus košės

Ingredientas

- 12 bratwurst dešrelių

- 24 uncijos alaus

- vienkartinė aliuminio keptuvė

Kryptys

a) Įkaitinkite grilį ir paruošta netiesioginiam kepimui. Padėkite aliuminio keptuvę ant neįkaitusios grilio dalies. supilkite alų į keptuvę. Padėkite dešreles ant tiesioginės ugnies. Ugnis turi būti vidutinio karštumo. Uždarykite dangtį ir kepkite apie 10 minučių. Dažnai vartykite kepinius.

b) Kai bratwursts pradeda ruduoti, perkelkite juos į keptuvę su alumi. Kai visi bratwursts bus keptuvėje, uždarykite dangtį ir kepkite dar apie 20 minučių

c) Patiekite tiesiai iš keptuvės, kad dešrelės būtų karštos ir sultingos.

DARŽOVĖS

78. Šampane kepti porai

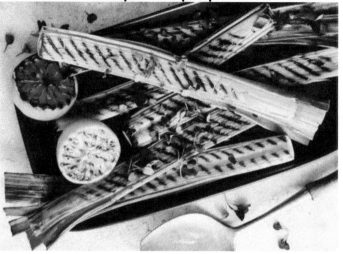

Išeiga: 4 porcijos

Ingridientai

- 6 vidutinio dydžio nuotėkiai

- 2 šaukštai alyvuogių aliejaus

- 1 puodelis šviežių čiobrelių; grubiai supjaustyti kubeliais

- 2 puodeliai šampano

- 1 puodelis vištienos sultinio

- 1 puodelis trupinto fetos sūrio

- Druskos ir pipirų; paragauti

Kryptys

a) Nupjaukite porų viršūnes ir apačias, palikdami apie 2–3 colius žalios spalvos virš baltos poro dalies. Nuo nupjauto poro vidurio padarykite kelis išilginius segmentus link poro žalumos. Kruopščiai nuplaukite porus.

b) Didelėje keptuvėje ant vidutinės ugnies įkaitinkite alyvuogių aliejų. Kai aliejus įkaista, suberkite čiobrelius ir maišykite 1 minutę. Suberkite porus ir pakepinkite 3 minutes, kol iš kelių pusių pasidarys švelniai auksinės spalvos. Įpilkite šampano ir sultinio ir troškinkite porus, kol suminkštės, maždaug 8 minutes. Išimkite porus iš keptuvės ir atidėkite į šalį.

c) Toliau troškinkite keptuvėje likusį padažą, kol sumažės per pusę. Tuo tarpu porus kepkite ant vidutiniškai karštos anglies ugnies 8-10 minučių, keletą kartų pasukdami. Išimkite porus iš grotelių ir perpjaukite per pusę išilgai.

d) Patiekite iš karto, į kiekvieną porciją įpilkite šiek tiek fetos ir šiek tiek sumažinto padažo

79.   Ant grotelių kepti šitakai

Išeiga: 4 porcijos

Ingridientai

- 8 uncijos Shiitakes
- 1 valgomasis šaukštas alyvuogių aliejaus
- 1 valgomasis šaukštas Tamari
- 1 valgomasis šaukštas česnako, susmulkintas
- 1 arbatinis šaukštelis rozmarinas, susmulkintas
- Druska ir juodieji pipirai
- 1 arbatinis šaukštelis klevų sirupo
- 1 arbatinis šaukštelis sezamo aliejaus
- Edamame

Kryptys

a) Nuplaukite grybus. Išimkite ir išmeskite stiebus. Grybus sumaišykite su likusiais ingredientais ir marinuokite 5 minutes. Kepkite kepsnines ant žarijų, kol lengvai apskrus.

b) Papuoškite Edamame.

80.   Ant grotelių keptos konfeti daržovės

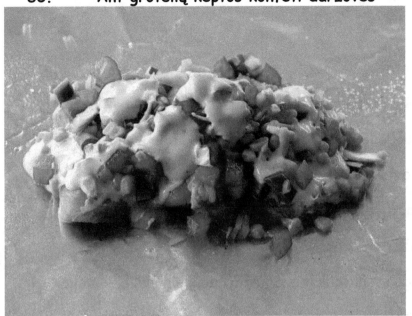

Išeiga: 4 porcijos

Ingridientai

- 8 vyšniniai pomidorai; - perpus, iki 10

- $1\frac{1}{2}$ puodelio kukurūzų, supjaustytų iš burbuolių

- 1 saldžiosios raudonosios paprikos; julienned

- $\frac{1}{2}$ vidutinio dydžio žaliųjų pipirų; julienned

- 1 mažas svogūnas; Segmentuota

- 1 valgomasis šaukštas Šviežių baziliko lapelių; kubeliais

- $\frac{1}{4}$ arbatinio šaukštelio tarkuotos citrinos žievelės

- Druskos ir pipirų; paragauti

- 1 valgomasis šaukštas + 1 arbatinis šaukštelis nesūdyto sviesto arba; margarinas; įsipjauti

Kryptys

a) Dideliame inde sumaišykite visus ingredientus, išskyrus sviestą; švelniai išmaišykite, kad gerai susimaišytų. Daržovių mišinį padalinkite per pusę. Kiekvieną pusę įdėkite į 12 x 12 colių tvirtos aliuminio folijos gabalo vidurį. Daržoves sutepkite sviestu.

b) Sujunkite folijos kampus, kad susidarytumėte piramidę; pasukite, kad užsandarintumėte.

c) Kepkite folijos paketus ant vidutiniškai karštų anglių 15-20 minučių arba tol, kol daržovės suminkštės. Patiekite iš karto.

81. **Ant grotelių kepti artišokai**

Išeiga: 6 porcijos

Ingridientai

- 12 didelių jaunų artišokų

- $1\frac{1}{2}$ puodelio šerio vyno acto

- $\frac{1}{2}$ puodelio citrinos sulčių

- 1 puodelis alyvuogių aliejaus

- druskos ir pipirų

Kryptys

a) Po vieną suimkite artišokus už kotelio ir smogkite į darbinį paviršių, kad jie atsidarytų nenulauždami lapų.

b) Nupjaukite kotelius; nuplauti šaltu vandeniu ir nusausinti. Dideliame inde išdėliokite artišokų sluoksnį. Gerai pagardinkite ir gausiai apšlakstykite actu, tada įpilkite šiek tiek citrinos sulčių ir šlakelį aliejaus.

c) kartokite procesą, kol visi artišokai bus sūryme. Palikite marinuotis 8 valandas, retkarčiais pamaišydami ilgu mediniu šaukštu.

d) Marinuotus artišokus apkepkite ant žarijų arba kietmedžio, apibarstydami sūrymu.

e) Patiekite labai karštą, po du į lėkštę, „sėdimoje padėtyje" su lapeliais į viršų.

82.　Sūrios ant grotelių keptos bulvės

Išeiga: 4 porcijos

Ingridientai

- 3 rusvinės bulvės, kiekviena supjaustyta į 8 išilgai skilteles

- 1 svogūnas, plonai susmulkintas

- 2 šaukštai alyvuogių aliejaus

- 1 valgomasis šaukštas kubeliais pjaustytų šviežių petražolių

- $\frac{1}{2}$ arbatinio šaukštelio česnako miltelių

- $\frac{1}{2}$ arbatinio šaukštelio druskos

- $\frac{1}{2}$ arbatinio šaukštelio Stambiai maltų pipirų

- 1 puodelis susmulkinto čederio sūrio arba Colby-Jack sūrio

Kryptys

a) Dideliame inde Sumaišykite bulvių skilteles, svogūną, aliejų, petražoles, česnako miltelius, druską ir pipirus. Įdėkite į folijos keptuvę vienu sluoksniu. Uždenkite antrąja folijos skarda, kad suformuotumėte paketą. Sutvirtinti sandarų pakelio kraštą folija.

b) Padėkite ant grotelių ant vidutinės ugnies; virkite 40–50 minučių arba ilgiau, kol suminkštės, periodiškai pakratydami pakuotę ir apversdami aukštyn kojomis įpusėjus kepimui. Išimkite dangtelį; viršų su sūriu. Uždenkite, virkite dar 3–4 minutes, kol sūris išsilydys.

83.   Miežių plovas su keptais obuoliais

Išeiga: 6 porcijos

Ingridientai

- 1 puodelis miežių

- 2 arbatiniai šaukšteliai rapsų aliejaus

- 1 arbatinis šaukštelis vanilės ekstrakto

- $\frac{1}{8}$ arbatinio šaukštelio malto cinamono

- $\frac{1}{8}$ arbatinio šaukštelio tarkuoto muskato riešuto

- $\frac{1}{8}$ arbatinio šaukštelio malto kardamono

- $1\frac{1}{2}$ puodelio obuolių sulčių

- $1\frac{1}{2}$ stiklinės vandens

- 2 Kepimo obuoliai

- 2 šaukštai obuolių sulčių

- $\frac{1}{4}$ arbatinio šaukštelio malto cinamono

Kryptys

a) PILAFAS: 2 litrų puode sumaišykite miežius, aliejų, vanilę, cinamoną, muskato riešutą ir kardamoną. Kepkite iki kvapo, apie 2 minutes. Įpilkite obuolių sulčių ir vandens

b) Užvirinkite, sumažinkite ugnį, uždenkite ir troškinkite 45–60 minučių arba ilgiau, kol miežiai suminkštės ir visas skystis susigers.

c) OBUOLIAI: Išvalykite obuolius ir supjaustykite skersai plonais apskritimais. Padėkite ant kepimo skardos. apšlakstykite 1 valgomuoju šaukštu obuolių sulčių ir $\frac{1}{8}$ arbatiniais šaukšteliais cinamono. Kepkite ant grotelių apie 4 colius nuo ugnies apie 3 minutes. Apverskite segmentus ir apšlakstykite likusiomis sultimis bei cinamonu. Kepkite ant grotelių 2 minutes. Patiekite karštą su plovu.

84. Ant grotelių keptas moliūgas ir cukinija

Išeiga: 4 porcijos

Ingridientai

- $\frac{1}{4}$ puodelio alyvuogių aliejaus

- 1 valgomasis šaukštas malto česnako

- $\frac{1}{4}$ puodelio maltų šviežių čili pipirų

- Tavo pasirinkimas

- 2 šaukštai Comino sėklų

- Druska ir pipirai pagal skonį

- 2 vidutinio sunkumo cukinijos, supjaustytos išilgai

- 2 vidutinio sunkumo Vasarinis moliūgas, supjaustytas

- $\frac{1}{4}$ puodelio alyvuogių aliejaus

- ⅓puodelio šviežių laimo sulčių

- 3 šaukštai medaus

- $\frac{1}{4}$ puodelio grubiai pjaustytos šviežios kalendros

- Druska ir pipirai pagal skonį

Kryptys

a) Paruoškite padažą: nedideliame inde sumaišykite visus ingredientus ir atidėkite į šalį.

b) Vidutiniame inde sumaišykite alyvuogių aliejų, česnaką, čili pipirą ir komuno sėklas ir gerai išmaišykite. Sudėkite moliūgų ir cukinijų lentas ir gerai išmaišykite, kad moliūgai būtų visiškai padengti mišiniu.

c) Padėkite moliūgus ant grotelių ant vidutiniškai karštos ugnies ir kepkite apie 3 minutes iš kiekvienos pusės arba kol gražiai apskrus. Išimkite moliūgus iš grotelių, sudėkite ant lėkštės, apšlakstykite padažu ir patiekite.

85.   Fettuccine su austrių grybais

Išeiga: 4 porcijos

Ingridientai

- 8 česnako skiltelės; plonai Segmentuotas

- 4 šaukštai Virgin alyvuogių aliejaus

- 1 puodelis Cinzano Rosso ar kito saldaus raudono vermuto

- $\frac{1}{2}$ svaro austrių grybų; kepti ant grotelių arba ant grotelių

- 1 puodelis vištienos sultinio

- 4 šaukštai aukščiausios kokybės pirmojo spaudimo alyvuogių aliejaus

- Druska; paragauti

- Šviežiai maltų juodųjų pipirų; paragauti

- 1 svaras šviežių makaronų; supjaustyti fettuccine

- 1 krūva Šviežios rukolos; stiebas, nuplautas,

- Sauja žirnelių papuošimui

Kryptys

a) Užvirinkite 6 litrus vandens ir įberkite 2 šaukštus druskos. 10–12 colių keptuvėje ant vidutinės ugnies įkaitinkite 4 šaukštus pirmojo spaudimo alyvuogių aliejaus, suberkite česnaką ir pakepinkite iki šviesiai rudos spalvos. Nuimkite nuo ugnies ir įpilkite Cinzano.

b) Uždėkite ant degiklio ir įpilkite austrių grybų, vištienos sultinio ir 4 šaukštus aukščiausios kokybės pirmojo spaudimo alyvuogių aliejaus ir sumažinkite per pusę. Pagardinkite druska ir pipirais. Supilkite makaronus į verdantį vandenį ir virkite, kol suminkštės, bet al dente (apie 1–2 minutes). Nusausinkite kiaurasamtyje virš kriauklės ir supilkite karštus makaronus

c) Apkepkite keptuvę su grybų mišiniu. Švelniai maišykite ant vidutinės ugnies 1 minutę, kad makaronai pasidengtų. Sumaišykite žalią rukolą ir maišykite 30 sekundžių, kol suvys. Supilkite į įkaitintą porcijų indą ir nedelsdami patiekite.

86. Sudėkite daržoves ant grotelių

Išeiga: 1 porcija

Ingridientai

- 2 Kepamos bulvės

- 2 Saldžiosios bulvės

- 1 Gilė moliūgas

- $\frac{1}{4}$ puodelio sviesto; ištirpo

- 3 šaukštai Augalinis aliejus

- 1 valgomasis šaukštas čiobrelių

- Druska ir pipirai pagal skonį

Kryptys

a) Įkaitinkite grilį ir paruošta netiesioginiam kepimui. Nulupkite bulves, saldžiąsias bulves ir moliūgus. Supjaustykite 1 colio storio segmentais. Išmeskite moliūgų sėklas ir pluoštus. Daržoves sumaišykite su aliejumi, druska ir pipirais. Nedideliame inde Sumaišykite sviestą ir čiobrelius

b) Daržoves dėkite ant grotelių nuo tiesioginio karščio.

c) Uždarykite dangtį ir kepkite apie 15 minučių. Apverskite ir toliau kepkite dar 15 minučių. Dar kartą apverskite ir aptepkite sviesto ir čiobrelių mišiniu. Aptepkite visas puses ir toliau kepkite, kol daržovės suminkštės.

87.   Ant grotelių keptas gilių moliūgas ir šparagai

Išeiga: 1 porcija

Ingridientai

- 4 Gilių moliūgai
- Druska; paragauti
- pipirų; paragauti
- 4 rozmarino šakelės
- 4 šaukštų svogūnų; malta
- 4 šaukštų salierų; malta
- 4 šaukštai Morkos; malta
- 4 šaukštai alyvuogių aliejaus
- 2 puodeliai Daržovių sultinio
- 1 svaras quinoa; nuplauti
- 2 svarai šviežių miško grybų
- 2 svarai pieštukų šparagų

Kryptys

a) Gilių moliūgų vidų stipriai įtrinkite druska, pipirais, aliejumi ir rozmarinu.

b) Kepkite ant grotelių veidu žemyn 8 minutes. Apverskite, įdėkite rozmariną į vidų ir virkite uždengę 20 minučių.

c) Į puodą sudėkite svogūnus, salierus, morkas ir 1 šaukštą alyvuogių aliejaus ir pakepinkite. Supilkite sultinį ir quinoa ir užvirinkite. Sandariai uždenkite ir troškinkite 10 minučių. Atskleiskite moliūgą, įdėkite quinoa mišinį į skvošą ir uždenkite. Virkite dar 10 minučių.

d) Lengvai sumaišykite grybus ir šparagus su alyvuogių aliejumi, druska ir pipirais. Kepkite ant grotelių 3 minutes iš kiekvienos pusės. Patiekite skvošą su quinoa viduje, o grybai ir šparagai teka aplinkui.

88.   Ant grotelių keptas bok Choy

Išeiga: 1 porcija

Ingridientai

- 2 galvutės bok choy

- $\frac{1}{4}$ puodelio ryžių vyno acto

- 1 valgomasis šaukštas čili padažo

- Druskos ir pipirų

- $\frac{3}{4}$ puodelio augalinio aliejaus

- 2 laiškiniai svogūnai; kubeliais

- 2 šaukštai sezamo sėklų

Kryptys

a) Į indą sumaišykite actą, čili padažą ir pagardinkite druska bei pipirais.

b) Išplakti aliejuje. Įmaišykite svogūnus ir sezamo sėklas.

c) Įkaitinkite grilį ir ant karštų grotelių padėkite bok Choy gabaliukus. Kepkite ant grotelių 2–5 minutes, kol suminkštės. Suknelė su vinigretu.

89.   Sodo salotos ant grotelių

Išeiga: 6 porcijos

Ingridientai

- 2 vidutinio dydžio Pomidorai, išskobti sėklomis ir supjaustyti kubeliais

- 1 vidutinė cukinija, supjaustyta kubeliais

- 1 puodelis šaldytų viso grūdo kukurūzų, atšildytų

- 1 mažas prinokęs avokadas, nuluptas, išskobtas ir stambiai supjaustytas

- ⅓puodelio Plonai Segmentuotų žaliųjų svogūnų su viršūnėlėmis

- ⅓puodelio Pace Picante padažo

- 2 šaukštai Augalinis aliejus

- 2 šaukštai kubeliais pjaustytos šviežios kalendros arba petražolių

- 1 valgomasis šaukštas citrinos arba laimo sulčių

- $\frac{3}{4}$ arbatinio šaukštelio česnako druskos

- $\frac{1}{4}$ arbatinio šaukštelio maltų kmynų

Kryptys
a) Dideliame inde sumaišykite pomidorus, cukinijas, kukurūzus, avokadą ir žaliuosius svogūnus.

b) Sumaišykite likusius ingredientus; gerai ismaisyti. Supilkite ant daržovių mišinio; švelniai išmaišykite. Atvėsinkite 3–4 valandas, retkarčiais švelniai pamaišydami.

c) Švelniai išmaišykite ir patiekite atšaldytą arba kambario temperatūroje su papildomu Pace Picante padažu.

90. Ant grotelių kepti šparagai ir pomidorai

Išeiga: 1 porcija

Ingridientai

- 12 uncijų šparagų, apipjaustytų
- 6 Prinokę pomidorai, perpjauti per pusę
- 3 šaukštai alyvuogių aliejaus
- Druskos ir pipirų
- 1 skiltelė česnako, susmulkinta
- 1 valgomasis šaukštas Garstyčių
- 3 šaukštai balzamiko acto
- ⅓ puodelio alyvuogių aliejaus
- Druskos ir pipirų

Kryptys

a) Įkaitinkite grilio keptuvę ant vidutinės ugnies. Dideliame inde sumaišykite šparagus su alyvuogių aliejumi ir druska bei pipirais. Pomidorus aptepkite lėkštėje likusiu alyvuogių aliejumi. Ant grotelių kepkite šparagus ir pomidorus atskirai, kol suminkštės, bet nesubyrės.

b) Inde Sumaišykite česnaką, garstyčias, balzaminį actą ir alyvuogių aliejų šluotele arba rankiniu mikseriu. Pagal skonį pagardinkite druska ir pipirais

c) Patiekite ant grotelių keptas daržoves, aptaškytas vinegretu.

91. Ant grotelių keptas karšis su pankoliu

Išeiga: 1 porcija

Ingridientai

- 4 karšio filė

- Alyvuogių aliejus tepimui

- 10 askaloninių česnakų; nuluptas, Segmentuotas

- 4 Morkos; smulkiai Segmentuota

- 1 viso pankolio; su šerdimi, per pusę

- 2 žiupsneliai šafrano

- Saldus baltas vynas

- 1 pintos žuvies sultinio

- 1 pintos dvigubas kremas

- Apelsinas; sultys iš

- 1 krūva kalendros; smulkiai supjaustyti

Kryptys

a) Morkas, askaloninius česnakus, pankolį ir šafraną kepkite alyvuogių aliejuje, nepadažydami 3–4 minutes. Tris ketvirtadalius daržoves užpilkite vynu ir visiškai sumažinkite.

b) Įpilkite žuvies sultinio ir sumažinkite trečdaliu. Mažindami patikrinkite morkas ir, jei ką tik iškepėte, nusausinkite nuo daržovių ir vėl supilkite į keptuvę, kad dar labiau sumažėtų. Daržoves atidėkite į šalį.

c) Supilkite grietinėlę į redukcinį tirpalą ir sumažinkite, kad šiek tiek sutirštėtų. Karšių filė aptepkite alyvuogių aliejumi ir kepkite odele žemyn.

d) Į sumažintą sultinį supilkite apelsinų sultis ir grąžinkite daržoves į keptuvę. Pagardinkite ir patiekite su žuvimi.

92. **Čili ant grotelių keptos Karibų salotos**

Išeiga: 2 porcijos

Ingridientai

- ¼ puodelio Dižono garstyčių

- ¼ puodelio medaus

- 1½ šaukšto cukraus

- 1 valgomasis šaukštas sezamo aliejaus

- 1½ šaukšto obuolių sidro acto

- 1½ arbatinio šaukštelio laimo sulčių

- 2 vidutinio dydžio pomidorai, supjaustyti kubeliais

- ½ puodelio ispaniško svogūno, supjaustyto kubeliais

- 2 arbatiniai šaukšteliai Jalapeño pipirų

- 2 arbatiniai šaukšteliai kalendros, smulkiai sumaltos

- žiupsnelis Druska

- 4 vištienos krūtinėlės pusės; be kaulų ir be odos

- ½ puodelio Teriyaki sūrymo

- 4 puodeliai Iceberg salotų, supjaustytų kubeliais

- 4 stiklinės žalių salotų, supjaustytų kubeliais

- 1 puodelis raudonųjų kopūstų, supjaustytų kubeliais

- 1 skardinė ananasų gabaliukai sultyse,

- ; nusausintas (5,5 uncijos skardinė)
- 10 tortilijos traškučių

Kryptys

a) Padažą pasigaminkite sumaišykite visus ingredientus nedideliame inde elektriniu plaktuvu. Uždenkite ir atvėsinkite.

b) Paruoškite Pico de Gallo sumaišydami visus ingredientus mažame inde. Uždenkite ir atvėsinkite.

c) Marinuokite vištieną teriyaki mažiausiai 2 valandas. Įdėkite vištieną į maišelį ir užpilkite sūrymu, tada sumaišykite ji į šaldytuvą.

d) Paruoškite kepsninę arba įkaitinkite kepsninę. Kepkite vištieną ant grotelių 4–5 minutes iš kiekvienos pusės arba iki galo.

e) Sumaišykite salotas ir kopūstus, o tada žalumynus padalinkite į 2 didelius atskirų porcijų salotų patiekalus.

f) Padalinkite pico de gallo ir supilkite ji 2 lygiomis dalimis ant žalumynų.

g) Ananasą padalinkite ir apšlakstykite ant salotų.

h) Tortilijos traškučius sulaužykite dideliais gabalėliais ir po pusę užbarstykite ant kiekvienos salotos.

i) Ant grotelių keptas vištienos krūtinėles supjaustykite į plonas juosteles ir pusę juostelių paskleiskite ant kiekvienos salotos.

Padažą supilstykite į 2 nedidelius indelius ir patiekite su salotomis.

93.   Rukolos ir ant grotelių keptų daržovių salotos

Išeiga: 8 porcijos

Ingridientai

- $1\frac{1}{2}$ puodelio alyvuogių aliejaus
- $\frac{1}{4}$ puodelio citrinos sulčių
- $\frac{1}{4}$ puodelio balzamiko acto
- $\frac{1}{4}$ puodelio šviežių žolelių; lygiomis dalimis
- . petražolių, rozmarinų, šalavijų
- . čiobreliai ir raudonėliai
- 4 brūkšniai Tabasco padažo
- Druska ir pipirai pagal skonį
- 2 raudonos paprikos; perpus
- 3 slyviniai pomidorai; perpus
- 2 vidutinio sunkumo raudonieji svogūnai
- 1 nedidelis baklažanas; Segmentuotas 1/2 colio storio
- 10 grybų
- 10 mažų raudonųjų bulvių; virti
- $\frac{1}{3}$ puodelio alyvuogių aliejaus
- Druska ir pipirai pagal skonį
- 3 kekių rukolos; nuplauti ir išdžiovinti

- 1 svaras mocarelos; plonai Segmentuotas

- 1 puodelis juodųjų alyvuogių; duobėtas

Kryptys

a) Vidutiniame patiekale sumaišykite alyvuogių aliejų, citrinos sultis, actą, žoleles, tabasko padažą ir druską bei pipirus; tada gerai išplakti. Atidėti.

b) Papriką, pomidorus, svogūnus, baklažanus, grybus ir bulves sudėkite į labai didelį indą. Įpilkite alyvuogių aliejaus, druskos ir pipirų; tada gerai išmaišykite, kad daržovės pasidengtų aliejumi. Kepkite daržoves ant vidutiniškai karštos ugnies, kol gražiai apskrus, po 4–6 minutes iš kiekvienos pusės. Išimkite iš grotelių ir, kai tik pakankamai atvės, kad galėtumėte apdoroti, supjaustykite kąsnio dydžio gabalėliais.

c) Padarykite rukolos guolį ant didelio, seklios lėkštės. Ant rukolos išdėliokite ant grotelių keptas daržoves, uždėkite mocarelos ir alyvuogių ir patiekite kartu su padažu.

94.   Ant grotelių keptos ėrienos ir lima pupelių salotos

Išeiga: 4 porcijos

Ingridientai

- 2 raudonos paprikos

- $\frac{3}{4}$ puodelio alyvuogių aliejaus

- $\frac{1}{4}$ puodelio balzamiko acto

- 1 valgomasis šaukštas česnako; malta

- $\frac{1}{4}$ puodelio baziliko; smulkiai supjaustyti

- Druska ir pipirai pagal skonį

- 1 puodelis Lima pupelių; išlukštenti

- 1 svaras ėrienos; 1/2" kubeliai

- 1 ryšelis rukolos; nuplauti ir išdžiovinti

- 1 didelio pomidoro; dideliais kubeliais

Kryptys

a) Paprikas kepkite ant karštos ugnies, apvoliokite, kad tolygiai iškeptų, kol odelė labai patamsės ir pasidarys pūslės. Išimkite iš grotelių, supilkite į rudą popierinį maišelį, užriškite maišelį ir leiskite paprikoms atvėsti maišelyje 20 minučių. Išimkite iš maišelio, nulupkite odą ir išimkite sėklas bei stiebus.

b) Sudėkite pipirus į virtuvinį kombainą arba maišytuvą ir, varikliui vis dar veikiant, tolygia srovele įpilkite alyvuogių aliejaus. Supilkite balzamiko actą, česnaką ir baziliką, tada sumaišykite.

c) Pagardinkite druska ir pipirais, tada atidėkite.

d) Vidutiniame puode užvirinkite 2 puodelius pasūdyto vandens. Suberkite lima pupeles ir virkite, kol jos suminkštės, bet nesuminkštės, 12–15 minučių. Nusausinkite, panardinkite į šaltą vandenį, kad nustotų virti, vėl nusausinkite ir sudėkite į didelį indą.

e) Tuo tarpu avieną pagal skonį pagardinkite druska ir pipirais, suverkite ant iešmelių ir kepkite ant karštos ugnies 3–4 minutes iš kiekvienos pusės.

f) Nuimkite nuo ugnies ir nusukite iešmelius.

g) Į indą, kuriame yra lima pupelių, sudėkite ėrieną, rukolą ir pomidorą. Padažą labai gerai išmaišykite, įpilkite tiek, kad sudrėkintų ingredientus, gerai išmaišykite ir patiekite.

95. Avokadų ir ryžių salotos

Išeiga: 4 porcijos

Ingridientai

- 1 puodelis Wehani ryžių

- 3 prinokusių slyvinių pomidorų; išsėti ir supjaustyti kubeliais

- $\frac{1}{4}$ puodelio kubeliais supjaustyto raudonojo svogūno

- 1 nedidelio Jalapeño pipiro; išsėti ir supjaustyti kubeliais

- $\frac{1}{4}$ puodelio smulkiai pjaustytos kalendros

- $\frac{1}{4}$ puodelio aukščiausios kokybės pirmojo spaudimo alyvuogių aliejaus

- 1 valgomasis šaukštas laimo sulčių

- $\frac{1}{8}$ arbatinio šaukštelio salierų sėklų

- Druskos ir pipirų; paragauti

- 1 prinokęs avokadas

- Sumaišyti kūdikių žalumynai

Kryptys

a) Išvirkite Wehani ryžius pagal nurodymus ant pakuotės

b) Paskleiskite ant kepimo skardos, kad atvėstų.

c) Dideliame inde sumaišykite ryžius su pomidorais, raudonaisiais svogūnais, jalapeño pipirais ir kalendra. Įpilkite aukščiausios kokybės pirmojo spaudimo alyvuogių aliejaus, laimo sulčių ir salierų sėklų. Pagardinkite druska ir pipirais

d) Patiekdami nulupkite ir supjaustykite avokadą. Išdėliokite segmentus ant sumaišytų kūdikių žalumynų.

e) Šaukštą Wehani ryžių salotų uždėkite ant avokadų. Jei norite, papuoškite ant grotelių keptomis daržovėmis.

96. Rudieji ryžiai ir ant grotelių keptos daržovės

Išeiga: 6 porcijos

Ingridientai

- $1\frac{1}{2}$ puodelio rudųjų ryžių

- 4 cukinijos, perpjautos per pusę išilgai

- 1 didelis raudonasis svogūnas, supjaustytas skersai į 3 storus segmentus

- $\frac{1}{4}$ puodelio alyvuogių aliejaus, plius...

- ⅓puodelio alyvuogių aliejaus

- 5 šaukštai sojos padažo

- 3 šaukštai Worcestershire padažo

- $1\frac{1}{2}$ puodelio Mesquite medienos drožlių, mirkytų šaltame vandenyje 1 valandą (nebūtina)

- 2 puodeliai šviežių kukurūzų branduolių

- ⅔puodelio šviežių apelsinų sulčių

- 1 valgomasis šaukštas šviežių citrinų sulčių

- $\frac{1}{2}$ puodelio kubeliais pjaustytų itališkų petražolių

Kryptys

a) Virkite ryžius dideliame puode su verdančiu pasūdytu vandeniu, kol suminkštės, maždaug 30 minučių

b) Gerai nusausinkite. Leiskite atvėsti iki kambario temperatūros.

c) Sumaišykite $\frac{1}{4}$ puodelio aliejaus, 2 šaukštus sojos padažo ir 2 šaukštus Vusterio padažo; supilkite cukinijų ir svogūnų skilteles į negilų indą. Leiskite marinuotis 30 minučių, vieną kartą per tą laiką apverskite daržoves.

d) Paruošta kepsninė (vidutinio-didelio karščio). Kai anglys taps baltos, nusausinkite meskito drožles (jei naudojate) ir išbarstykite ant anglių. Kai traškučiai pradės rūkti, ant grotelių sudėkite svogūną ir cukiniją, pagardinkite druska ir pipirais

e) Uždenkite ir virkite, kol suminkštės ir paruduos (apie 8 minutes), retkarčiais pasukdami ir apšlakstydami sūrymu. Išimkite daržoves iš kepsninės.

f) Svogūnų segmentus supjaustykite ketvirčiais, o cukinijas - 1 colio gabalėliais. Sudėkite į porcijų indą su atvėsusiais ryžiais ir kukurūzais.

g) Suplakite apelsinų sultis, citrinos sultis, ⅓ puodelio aliejaus, 3 šaukštus sojos padažo ir 1 šaukštą Vusterio padažo. 1 puodelį padažo užpilkite ant salotų ir išmaišykite iki išmaišymo. Įmaišykite petražoles ir pagardinkite druska bei pipirais.

h) Patiekite salotas su papildomu padažu ant šono.

97.   Obuolių mango salotos su kepta vištiena

Išeiga: 4 porcijos

Ingridientai

- 2 šaukštai ryžių vyno acto
- 1 valgomasis šaukštas Šviežių česnakų; kubeliais
- 1 arbatinis šaukštelis Šviežias imbieras; tarkuotų
- $\frac{1}{2}$ arbatinio šaukštelio druskos
- $\frac{1}{4}$ arbatinio šaukštelio Šviežiai maltų pipirų
- 1 valgomasis šaukštas saulėgrąžų aliejaus
- $\frac{1}{2}$ arbatinio šaukštelio druskos
- $\frac{1}{4}$ arbatinio šaukštelio Šviežiai maltų pipirų
- $\frac{1}{4}$ arbatinio šaukštelio kmynų
- 1 žiupsnelis maltų raudonųjų pipirų
- 4 Be kaulų; vištienos krūtinėlės puselės be odos
- Daržovių kepimo purškalas
- 8 puodeliai mišrių salotų žalumynų
- 1 didelis mangas; nulupti ir suskirstyti į segmentus
- 2 "Golden Delicious" obuoliai; nulupti, ištraukti šerdį, plonai suskirstyti į segmentus
- $\frac{1}{4}$ puodelio saulėgrąžų

- Sezamo paplotėlis; (neprivaloma)

Kryptys

a) Gaminkite imbiero vinigretą: nedideliame inde sumaišykite actą, laiškinius česnakus, imbierą, druską ir pipirus; pamažu plakite aliejumi. Padaro $\frac{1}{4}$ puodelio.

b) Puodelyje sumaišykite druską, pipirus, kmynus ir raudonuosius pipirus. aptepkite abi vištienos puses. Lengvai padenkite sunkią kepsninę arba ketaus groteles daržovių kepimo purškalu

c) Kaitinkite 1–2 minutes ant vidutinės-stiprios ugnies

d) Kepkite vištieną 5–6 minutes iš kiekvienos pusės, kol iškeps. Perkelkite į pjaustymo lentą.

e) Sumaišykite žalumynus, mangų ir obuolių skilteles su 3 šaukštais padažo. Išdėliokite salotas 4 atskirose vakarienės lėkštėse.

f) Vištieną supjaustykite ir tolygiai paskirstykite ant žalumynų; likusį 1 šaukštą padažo apšlakstykite ant vištienos. Ant kiekvienos salotos užbarstykite po 1 valgomąjį šaukštą saulėgrąžų.

g) Jei norite, patiekite su sezamo paplotėliu.

98.   **Ant grotelių keptos vištienos ir avinžirnių salotos**

Išeiga: 4 porcijos

Ingridientai

- 2 šaukštai malto česnako

- 2 šaukštai Šviežio imbiero; nulupti ir sutarkuoti

- 1 arbatinis šaukštelis Maltų kmynų

- $\frac{1}{2}$ arbatinio šaukštelio druskos

- $\frac{1}{4}$ arbatinio šaukštelio maltų raudonųjų pipirų

- 4 Vištienos krūtinėlės puselės be odelės ir be kaulų

- 2 skardinės (15 uncijų) avinžirnių; nuplauti ir nusausinti

- $\frac{1}{2}$ puodelio paprasto jogurto

- $\frac{1}{2}$ stiklinės grietinės

- 1 valgomasis šaukštas kario miltelių

- 1 valgomasis šaukštas citrinos sulčių

- $\frac{1}{2}$ arbatinio šaukštelio druskos

- 1 raudonos paprikos; kubeliais

- $\frac{1}{4}$ puodelio purpurinis svogūnas; kubeliais

- 2 Jalapeño paprikos; pasėtas ir sumaltas

- 2 šaukštai šviežios kalendros; kubeliais

- 2 šaukštai Šviežios mėtų; kubeliais

- 3 puodeliai Šviežių špinatų; suplyšusi

- 3 puodeliai raudonųjų galiukų salotų; suplyšusi

- 2 šaukštai citrinos sulčių

- 1 valgomasis šaukštas karšto kario aliejaus

Kryptys

a) Sumaišykite pirmuosius 5 ingredientus; aptaškyti ant visų vištienos krūtinėlių pusių.

b) Uždenkite ir atvėsinkite 1 valandą

c) Sumaišykite avinžirnius ir kitus 10 ingredientų; uždenkite ir atvėsinkite. Kepkite vištieną, uždengtą kepsninės dangčiu, ant vidutinės-stiprios ugnies (350°-400°) 5 minutes iš kiekvienos pusės. Supjaustykite ½ colio storio segmentais. Laikyti šiltai. Dideliame inde sumaišykite špinatus ir salotas.

d) Suplakite citrinos sultis ir kario aliejų; apibarstykite žalumynais ir švelniai išmaišykite. Išdėliokite tolygiai ant 4 porcijų lėkščių; Ant viršaus tolygiai uždėkite avinžirnių salotas ir susmulkintą vištienos krūtinėlę. Išeiga: 4 porcijos.

99. Ant grotelių keptos jautienos prosciutto salotos

Išeiga: 1 porcija

Ingridientai

- ½ stiklinės alyvuogių aliejaus

- 3 skiltelės česnako; stambiai supjaustyti

- 4 rozmarino šakelės

- 8 uncijos; jautienos nugarinė

- Druska ir šviežiai malti juodieji pipirai

- 2 citrinos; kepti ant grotelių

- 1 valgomasis šaukštas Stambiai pjaustytas askaloninis česnakas

- 1 valgomasis šaukštas Stambiai pjaustytas šviežias rozmarinas

- 3 skiltelės kepto česnako

- ½ stiklinės alyvuogių aliejaus

- Druska ir šviežiai malti pipirai

- 8 puodeliai kubeliais pjaustytų romėnų salotų

- Ant grotelių citrinoje keptas česnakinis vinigretas

- 8 segmentų Prosciutto; julienned

- 12 laiškinių svogūnų; kepti ant grotelių ir supjaustyti kubeliais

- 2 raudoni pomidorai; kubeliais

- 2 geltoni pomidorai; kubeliais

- $1\frac{1}{2}$ puodelio trupintos gorgonzolos

- Ant grotelių kepta jautienos nugarinė; kubeliais

- 4 kietai virti kiaušiniai; nulupti ir supjaustyti kubeliais

- 2 Haas avokadas; nulupti, be kauliukų

- Kubeliais supjaustyti laiškiniai česnakai

- 8 skiltelės kepto česnako

- 2 lazdelės nesūdyto sviesto; suminkštėjo

- Druska ir šviežiai malti pipirai

- 16 dalių itališkos duonos; Segmentuotas 1/4 colio

- $\frac{1}{4}$ puodelio smulkiai pjaustytų petražolių

- $\frac{1}{4}$ puodelio smulkiai supjaustyto raudonėlio

Kryptys

a) Nedidelėje seklioje kepimo formoje sumaišykite aliejų, česnaką ir rozmariną. Sudėkite jautieną ir išmaišykite, kad apsemtų. Uždenkite ir šaldykite bent 2 valandas arba per naktį. Prieš kepdami ant grotelių, palikite 30 minučių kambario temperatūroje

b) Įkaitinkite grilį. Išimkite jautieną iš sūrymo, pagal skonį pagardinkite druska ir pipirais ir kepkite ant grotelių 4-5 minutes iš kiekvienos pusės, kad vidutiniškai apskrustų.

100.   Ant grotelių kepta vištiena ir naujos bulvės

Išeiga: 4 porcijos

Ingridientai

- 2 Vištienos krūtinėlės be kaulų
- 3 šaukštai alyvuogių aliejaus
- 8 mažos naujos bulvės, perpjautos per pusę
- Druska ir šviežiai malta
- Pipirai
- 6 skiltelės kepto česnako
- Šešios 6 colių miltinės tortilijos
- $\frac{1}{2}$ puodelio Monterey Jack sūrio
- $\frac{1}{2}$ puodelio baltojo Čedaro sūrio
- 2 šaukštai šviežių čiobrelių
- 2 šaukštai Augalinis aliejus

Kryptys

a) Įkaitinkite grilį. Vištienos krūtinėles aptepkite 1 šaukštu alyvuogių aliejaus ir pagal skonį pagardinkite druska ir pipirais.

b) Apkepkite krūtinėles ant grotelių iš abiejų pusių 4–5 minutes, išimkite ir palikite pailsėti.

c) Sumaišykite bulves su likusiu alyvuogių aliejumi ir pagal skonį pagardinkite druska ir pipirais. Kepkite ant grotelių mėsa puse žemyn 2–3 minutes iki auksinės rudos spalvos, apverskite ir toliau kepkite, kol suminkštės.

d) Ant neteptos kepimo skardos išdėliokite 4 tortilijas

e) Kiekvieną tortiliją aptepkite po 2 šaukštus kiekvieno sūrio, 4 vištienos skilteles, 1 skiltele česnako ir 4 bulvių puselėmis. kiekvieną tortiliją apibarstykite šviežiais čiobreliais.

f) Sudėkite 2 sluoksnius ir uždenkite likusiomis 2 tortilijomis. Viršutines tortilijas aptepkite augaliniu aliejumi, ant grotelių aliejaus puse žemyn.

g) Kepkite iš vienos pusės į viršų iki auksinės rudos spalvos, apverskite ir toliau kepkite, kol sūris išsilydys.

h) Supjaustykite ketvirčiais ir nedelsdami patiekite.

IŠVADA

Jei norite, kad kažkas būtų autentiška, naudokite tradicinį, bet kai randate savo mėgstamus receptus, pritaikykite tai, kas jums labiausiai patinka. F

Naudodami šią knygą turėsite gerą pagrindą, kas geriausiai tinka įvairioms mėsoms, tada eksperimentuokite ir smagiai ieškosite savo tobulų receptų. Kaip sakė Pikasas: „Išmok taisyklių kaip profesionalas, kad galėtum jas pažeisti kaip menininkas".

CPSIA information can be obtained
at www.ICGtesting.com
Printed in the USA
BVHW011129150922
647127BV00006B/517